东亚区域生产网络背景下的贸易价值增值研究

—— 基于国际投入产出模型分析

The Research of East AsianValue – Added Trade Under Regional Production Network：Based On Input – Output Model

朱妮娜　叶春明　著

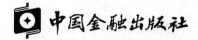 中国金融出版社

责任编辑：王雪珂
责任校对：李俊英
责任印制：丁淮宾

图书在版编目（CIP）数据

东亚区域生产网络背景下的贸易价值增值研究：基于国际投入产出模型分析（Dongya Quyu Shengchan Wangluo Beijingxia de Moyi Jiazhi Zengzhi Yanjiu：Jiyu Guoji Touru Chanchu Moxing Fenxi）/朱妮娜，叶春明著. —北京：中国金融出版社，2013.5
ISBN 978 – 7 – 5049 – 6786 – 2

Ⅰ.①东…　Ⅱ.①朱…②叶…　Ⅲ.①东亚经济—区域经济发展—研究　Ⅳ.①F1311.04

中国版本图书馆 CIP 数据核字（2013）第 031898 号

出版
发行　**中国金融出版社**

社址　北京市丰台区益泽路 2 号
市场开发部　（010）63266347，63805472，63439533（传真）
网 上 书 店　http://www.chinafph.com
　　　　　　（010）63286832，63365686（传真）
读者服务部　（010）66070833，62568380
邮编　100071
经销　新华书店
印刷　保利达印务有限公司
装订　平阳装订厂
尺寸　169 毫米 × 239 毫米
印张　13.75
字数　152 千
版次　2013 年 5 月第 1 版
印次　2013 年 5 月第 1 次印刷
定价　29.00 元
ISBN 978 – 7 – 5049 – 6786 – 2/F.6346
如出现印装错误本社负责调换　联系电话（010）63263947

目　　录

第一章　导　论

自 20 世纪中期以来，"全球化"（Globalization）便成为时代发展的产物，同时也成为一个标志性的世界发展特征①。谈到"全球化"，我们不得不说它是一个既宽泛又深入的概念集合。近二十年来，社会学、经济学、人类学以及政治学等学科纷纷从各领域出发，来探讨全球化发展给人类社会所带来的影响以及全球化发展历史进程中所出现的各类社会现象。

当我们把目光转移到"经济全球化"（Economic Globalization）这一视角下所发生、发展的诸多经济现象时，国际贸易的快速增长，跨国公司对外投资的多元化，中美贸易的失衡等一系列问题成为经济学家们关注的焦点。大规模的国际贸易及大量吸收对外直接投资成为发展中国家取得经济持续高增长的"两驾马车"，这两者相辅相成共同推动了世界经济尤其是发展中国家经济的高速运转。

---

① Frontiers of Globalization Research：Theoretical and Methodological Approaches，2006.

第一节　研究背景及现实意义

一、研究背景

半个世纪以来，在经济全球化发展进程中最突出的一个经济现象即是：越来越多的国家和企业参与到同一产品的生产流程中去，越来越多的产品由多个国家或者多个企业共同制造完成，美国的一个芭比娃娃在出口到美国市场以前可能会经历十几个不同的生产流程，这些生产片段多分布在不同地区或国家之间。与此同时，在世界范围内还出现了部分虚拟制造商，他们只负责产品的研发或设计，不从事实际性的产品制造。由此，世界生产模式逐渐形成了一个以跨国公司为主导、众多生产商或供应商以互补性分工为基础的全球生产网络。这种新的分工、生产和贸易模式引起了经济学家们的广泛关注，他们试图以突破传统经济学理论或更新的理论视角来理解、诠释这一新的国际经济现象。Ng 和 Yeats（1999）开创性地提出国际生产共享（Production Sharing）概念，根据作者定义，参与国依据其比较优势专业于商品的不同工序组织生产，然后通过零部件贸易将生产阶段逐次连接，形成国际化的生产共享网络。

经济全球化与全球生产网络这两者之间的关系主要体现在：全球生产网络是一种全新的国际分工形态和生产方式，与经济全球化相辅相成，构成理解当代经济全球化诸多特征性现象的重要元素。该分工形式之所以能够对经济全球化产生重大推动作用，根本在于它将国际分工基本对象的层面从不同行业推进到不同产品再到不同工序区段，从而极大地拓展了国际分工交换空间，扩大了通过互利合作途径谋求各国发展的潜力。全球生产网络的构建，意味着特定产品生产过程的零部件和中间产品在不同国家之间多次流通，构成过去几十年贸易增长速度显著高于 GDP 增长的重要原因[①]。

由此可见，全球生产网络背景下的国际生产分工发生了实质性的转变：其形式由传统的点、线层面分工扩展到不同空间上的交错分工，Jones 和 Kierzkowski（1990）把"把生产过程分离开来并散布到不同空间区位"的分工形态称为"分散化生产"（Fragmented Production）；分工对象由传统的以最终产品为分工对象模式扩展到在不同生产流程或不同工序之间分工生产模式，Arndt（1997）对这一国际分工现象提出不同表述，包括全球外包（Global Sourcing），海外外包（Offshore Sourcing），产品内分工（Intra – product Specialization）等；分工主体则逐渐形成由大型跨国集团为主体，发展中国家及新兴市场为补充的分工体系。

图 1.1 中关于波音客机的生产，有 50% 的机身零部件，以及生产机身所用的各类机身材料分别来自图中的十个不同国家。如果波音客机的分散化生产并没有给我们一个直观的感受，那么看看我们手中使用的苹果手机，它的全球分散化生产过程，见表 1.1。

---

① 卢锋：《产品内分工：一个分析框架》，2004。

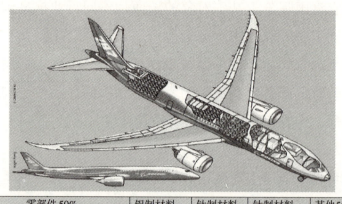

| 零部件50% | 铝制材料20% | 钛制材料15% | 钛制材料15% | 其他5% |

资料来源：WCIF/WTO, conference paper, trade in value – added. 2011, 08.

图 1.1　波音 787 客机的生产供应商来源

表 1.1　　　　　　　苹果手机各组件生产厂商来源

国家	零部件	制造商	成本（美元）
中国台北	手触屏幕、相机	Largan Precision, Wintek	20.75
德国	手机管理系统	Dialog, Infineon	16.08
韩国	DRAM 记忆系统	LG, Samsung	80.05
美国	GPS、触屏控制系统	Broadcom Skywork…	22.88
其他	其他	Misc	47.75
		总计	187.51

在这种新型的国际分散生产网络背景下，经济活动呈现出两大主要特征：一是发展中国家加工制成品出口额大幅增长，并且中间品贸易、零部件贸易数量占据较大比重（见表 1.2）；二是以

中国为首的东亚地区新兴市场经济体保持长期贸易顺差。东亚地区似乎成为经济全球化的最大受益者，不仅区域整体发展状态良好，以中国、印度为首的发展中国家也呈现出强劲的增长势头（见表1.3）。由此可见，东亚地区已经成为世界经济发展进程中最有潜力的地区之一，成为推动世界经济增长的新动力。

　　然而，当2008年金融危机席卷全球时，我们清楚地看到亚洲地区经济发展出现的一些问题，而这些问题大多反映在东亚区域内贸易的发展状态上。以中国为代表的新兴发展中国家长期保持对美国较高贸易顺差，东亚地区对美国、欧洲传统大国市场长期的外部依赖性导致这些国家国内需求动力严重不足，这些问题都成为近年来东亚地区经济发展中亟待解决的问题。亚洲发展银行2008年年度展望报告中清楚地说明了这一点①，"亚洲地区发展中经济体依然对G3②存在较强的依赖性，这种依赖主要表现在对其较大份额的外贸出口，同时也说明亚洲地区部分发展中经济体一直未能从发达工业化国家的经济圈中独立出来"（见图1.1，图1.2）。

表1.2　　　　　　　　　　　　世界各地区贸易指标

	开放度% 出口/GDP		全球市场份额% 占世界出口比重		出口集中度% 出口多样化指标		关税壁垒 实施关税		经济增长% 平均GDP增长率
	1999	2008	1999	2008	1999	2008	1999	2008	1999—2008
东亚地区	38.8	49.2	8.6	12.9	54	58	7.5	3.1	7.3
中国	20.4	38.1	3.4	8.8	46	45	15.0	4.1	9.6

---

① ADO, 2008 update.
② G3：US, EU, Japan.

续表

	开放度% 出口/GDP		全球市场份额% 占世界出口比重		出口集中度% 出口多样化指标		关税壁垒 实施关税		经济增长% 平均 GDP 增长率
亚太地区	58.2	66.1	0.0	0.0	70	77	15.6	9.3	2.4
东南亚地区	50.5	62.7	7.1	6.3	63	63	9.5	5.5	5.2
印度	11.4	21.9	0.6	1.1	60	53	28.6	6.1	7.2

数据来源：亚洲发展银行 2010 年展望报告。

表 1.3   中国、印度两国间贸易流量扩张指标（%）

时间	贸易扩张	GDP 贡献度	低成本贡献度
1981—1990	137.0	71.4	28.6
1991—2000	1025.7	26.8	73.2
2001—2008	852.0	15.1	84.9

数据来源：Brooks 和 Ferrarini（2010）。

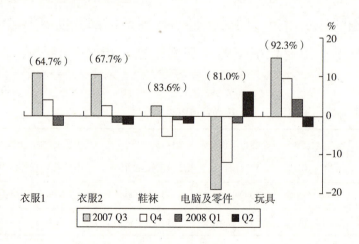

资料来源：2010 年国际贸易统计报告，WTO。

图 1.2   美国对亚洲发展中经济体部分产品进口增长

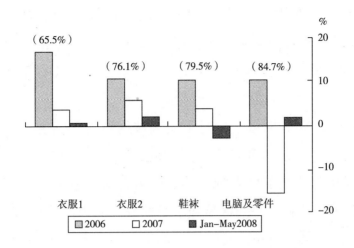

图1.3 欧盟对亚洲发展中经济体部分产品进口增长

因此，我们需要对东亚区域内贸易流向、商品进出口结构等经济现象进行细致、深入地分析，明确其特点、问题和发展潜力，才能够为东亚地区未来经济发展方向提供针对性建议和意见，制定出适合该地区的新兴发展战略。同时，对该课题的研究也具有较大的现实意义。

二、现实意义

这里，首先要对东亚地区进行一个国家范围的界定。从地理角度看，东亚地区包括中国、朝鲜、日本等地区，但是从更加广义的区域范围来分析问题时，还需要将部分东南亚经济体囊括其中。本文所指的东亚地区包括中国、日本、韩国、中国香港地区、中国台湾地区①、新加坡、马来西亚、泰国、菲律

---

① 由于中国台湾地区的各项数据较难获得，一般在对东亚地区进行贸易结构分析时只包括其他九个国家/地区。

宾、印度尼西亚十个经济体。之所以只选择东盟五国，一方面是因为这五个经济体的进出口贸易基本上可以代表东盟地区的发展态势，另一方面是因为其他东盟国家或地区的经济数据较难收集。

就现有研究成果来看，对东亚区域内贸易的研究已经取得了较大进展，并且在许多问题上都达成一定共识。但是，对于有些问题的研究尚且处于探索阶段，我们需要对这些问题进行深入挖掘。这其中包括：对东亚区域经济整体发展的去偶性①（Decouple）或依赖性（Undecouple）研究，对东亚地区部分国家在国际生产网络背景下，通过参与全球生产链上多个环节而获得的贸易所得真实性研究，以及对东亚区域内贸易发展面临的主要问题和东亚区域内贸易发展潜力等，这些问题都是在新的经济发展背景下应运而生的新兴课题。

正如许多经济学家所言，"经济全球化进程是为发展中国家而准备的"，这可能是一个相对极端的说法。但是，如果说经济全球化给发展中国家带来了一个前所未有的发展机遇应该是不过分的。正如我们所见，国际生产分工体系衍生出了新的形式，允许发展中国家以自己特有优势参与到全球生产网络中来，使得发展中国家的人力资源优势和要素禀赋优势得到进一步发挥。由近二十年经济发展进程来看，新兴市场国家的确在世界经济舞台上起到了举足轻重的作用，东亚地区整体态势的良好发展便证明了这一点。

从国际学者们对东亚地区经济研究的关注焦点来看，该地区快速增长的中间品贸易，以及对世界商品供给链中所提供的零部

---

① Gabor Pula & Tuomas A. Peltonen, HAS EMERGING ASIA DECOUPLED? 2009.

件商品比重逐渐增加的现象逐渐被大家所重视。基于此,本书也以贸易—产业关联性角度去分析东亚区域生产网络构建过程中,由于各国、各产业部门商品的进出口变化所导致的区域贸易结构调整。对该课题的研究,有以下两个层面的意义。

一是通过对分类商品的进出口构成进行研究,可以清楚看到目前东亚地区在参与全球分工体系中所处的位置,也就是在全球商品生产价值链条中,东亚地区以及其主体国家所在的环节和地位。通过对该问题的分析可以看出区域内产品分工的优势和劣势所在,为进一步参与国际产品分工体系提出参考建议。

二是通过对进出口产品进行产业分类,以国际贸易商品交换的角度研究并计算各国、各部门产品的贸易价值增值成分,本国价值增值含量和国外嵌入到该产品的价值增值含量分别是多少。通过对该问题的探讨,既可以客观地分析出东亚地区在国际贸易活动中的真实所得,又能够有力地回击以美国等大国提出的部分发展中国家对发达国家经济发展构成威胁的假说。

目前,对该问题的研究刚刚起步,国内学者对该课题的研究成果也非常有限,尤其在实证分析和数据使用上,传统方法通常局限于对引力模型的运用,数据的采集一般也多以最终产品贸易数据为主。本书中,作者借鉴IMF,美国经济研究中心,及其他国际学者使用的新方法,结合国际投入—产出模型以及国际商品贸易分类数据,按照国别流向进行数据计算和分析。这种方法能够克服传统数据计算带来的不真实性,准确刻画出东亚区域生产网络下各国各产业产品的进出口结构发展现状。

第二节　研究方法及结构安排

一、本书的研究方法

首先，本书在国际生产分工体系的历史演进这一宏观经济学的研究视角上，以此为切入点，运用理论与规范实证，比较静态与动态发展相结合的研究方法，既对东亚区域内国际生产网络的形成、区域生产网络现有特征加以分析，又对该生产网络发展进程的衍生路径加以追踪。本书以国际分工理论的发展进程来阐述国际生产网络、东亚区域生产网络形成的原因，论证在新型分工模式下，传统的国际分工理论如何通过自身的修正对该问题加以解释说明，以及新国际分工理论的出现又是如何诠释这一经济现象。

其次，从实证分析来看。本书采用了目前各大国际经济组织所采用的国际投入—产出（Input – Output Model）模型分析法。该方法突破传统的最终产品流向数据带来的局限性，以联合国国际贸易商品标准分类的贸易数据（UNCOMTRADE）结合东亚地区各国的国际投入产出数据，直接测算出东亚国际生产网络背景下各国进、出口商品的国外中间投入品贡献度，以及区域价值链中各国进、出口产品所嵌入的国外增值成分，并对该价值增值进行国别分解。

再次，本书采用静态比较和动态发展相结合的分析方法，书中两个章节分别截取东亚区域生产网络构建之初与东亚区域生产网络发展阶段的两个时间点，进行动、静态分析比较。以 1990 年和 2000 年的东亚国际投入产出数据进行数据分析①，并在此基础上对 2000 年投入产出表进行更新升级。以 2000 年为基年，结合现有的国别贸易流向数据对基年投入产出表进行数据升级，从而以动态发展的角度衡量现有贸易结构下东亚地区各部门产品的进出口发展状态，及其未来发展的优劣势所在。

最后，本书以实证分析的分析方法，对中国在东亚地区的生产分工地位和中国在衔接区域内、外部贸易发展中所起到的联动作用加以界定，并由此提出政策性建议。

二、本书的结构安排

从行文的逻辑完整性及本书阐述问题的要求来看，本书包含以下内容：

第一章为本书的导论部分。笔者首先回答为何要对该课题进行研究，也就是其研究的必要性，理论意义和现实意义。其次，本章还说明了该课题的研究对象以及所采用的研究方法，最后对本书的逻辑结构加以说明。

第二章是本书的文献综述部分。主要是对国内外学者目前在该领域的研究成果加以文献回顾。作者根据行文需要，分别对全球生产网络的现有研究、东亚区域生产网络的现有研究加以梳理，以文献的方式对全球生产网络概念进行界定并对东亚区域生产网络目前的研究前沿，以及各主流实证方法加以文献回顾。

第三章是本书的理论基础。以国际生产、分工理论在新形势

---

① 数据的使用说明将在下文中进行说明。

下的发展进程来论证新分工模式形成的原因。本书不仅阐述全球生产网络形成的理论原因，还对东亚区域生产网路形成的特殊原因加以论证，以理论阐述全球生产分散化与集中化的动力所在。

第四章是本书的过渡章节，本章对东亚区域生产网络形成的外部经济背景加以分析、说明，以此告诉读者促使东亚区域生产网络形成的一些外部所具备的天然条件是什么。

第五章及本书第六章和第七章是本书的核心章节。书中第五章以静态比较方式对投入—产出模型加以运用，并按东亚区域内各国各部门产品分类情况对产品进、出口和贸易结构的关联情况在不同时点上加以分析比较。

本章首先介绍了关于国际投入—产出表的性质、结构，然后针对不同参与国家的具体情况介绍了投入—产出模型的数据使用，最后运用东亚区域国际投入产出数据对该地区的各国、各部门产品进出口加以分析，得出 1990 年和 2000 年不同时间点上东亚各国在生产网络中的国内和国外贸易价值增值成分。

第六章，是第五章内容的延续。在第五章中只是对东亚地区 1990 年和 2000 年的情况加以静态比较，这只能描绘出东亚区域生产网络构建初期的基本发展状态，并未对该生产网络的衍生路径进行追踪，同时由于研究问题时效性的要求，作者必须对近年来东亚地区生产网络的发展情况加以分析，因此本章对原有投入产出数据加以升级，以升级后的投入产出数据加以结构分析，并得出结论。

第七章，是本书的总结。主要针对中国在东亚地区生产网络中的地位及在东亚贸易结构调整中所起到的作用加以说明。本章将利用面板数据结合计量模型来分析中国在区域内部对东亚各国的进口依赖，以及区域外部对美国为主的大国市场的出口依赖，并得出结论和有效的政策建议。

第三节 关于本书研究方法说明

一、本书研究方法上可能达到的创新点

对于将投入—产出模型运用到测算区域生产网络分工度，其本身尚处于探索阶段。部分国际经济学家从2001年刚刚开始这方面的工作。由于全球生产网络的出现，对传统计算贸易流量的测度方法提出挑战。本书运用投入—产出模型的新方法来计算各国进出口商品中所嵌入的他国价值增值成分，并且对现有的国际投入—产出数据进行升级，来追踪东亚地区近10年来在生产网络衍生过程中其商品进出口结构的发展变化状况。

二、本书在概念上的新提法

作者在本书中提出：全球生产网络分工体系是一个集产业分工、工序分工、产品分工同时并且交叉进行的一个新型分工模式，以往对国际生产分工体系的研究多是对单一的产业内国际分工模式或者产品内国际分工模式进行区别分析，本书作者提出全球生产网络分工模式是一个集产业内分工、工序间分工与产品内分工于同一空间背景的综合的、多层面的国际和区域生产分工网络。

三、关于研究范围的可能创新之处

就现有的关于国际生产网络的国别研究来看，一是将国际生产网络放在区域范围内进行研究分析的成果并不多见，毕竟区域生产网络的形成是一个新兴的经济现象；二是对于东亚区域生产网络的整体研究成果较少，对于东亚区域生产网络的贸易价值增值研究少之甚少，部分研究仅停留在对东亚区域个别产业，尤其是电子或机电产业的垂直分工度问题上，对整个东亚区域内主要国家主要产业的贸易结构进行全面的分析和测算是一个新的尝试。

四、本书可能存在的不足之处

首先，本书中对于该课题的研究，其最大的限制在于数据收集上的局限，由于投入产出表的编制工作巨大，一般的国家都是5年更新一次，有些国家甚至没有编制投入产出表，因此本书在数据采集时为了能够全面覆盖到东亚地区的各经济体，选择了日本经济研究所编制的1990年、1995年、2000年亚洲国际投入—产出表（AIIO Table），故研究成果的时效性上会稍微欠缺，这也是作者日后要对该问题进行追踪研究的必要性所在。

其次，对 AIIO 数据库数据进行升级、更新时，其方法的精确度有待修正。本书尝试性地对国际投入—产出数据进行升级、更新处理，由于所需数据量较大，计算工作较为繁杂，本书在数据升级过程中对某些较难获取的数据采取了替代处理，因此，得出的更新数据在某种程度上稍微影响最终结果的精确性。

第二章　国内外学者相关文献综述

本章是以全书的写作基本视角为出发点，首先对全球生产网络的相关概念进行回顾，将全球商品链、全球价值链、全球生产网络等一系列既相关又有区别性的概念放在同一框架下进行对比分析，并在此基础上，根据作者写作目的和分析层面的需要，以回顾国际分工体系发生、发展的相关文献为行文主线，以此介绍全球生产网络构建的背景及原因。其次，对东亚区域生产网络研究现状进行文献综述，就现有研究来看，关于东亚区域生产网络的分析成果有限，主要研究对象大都集中在东亚区域内"雁阵分工模式①"以及从"雁阵分工模式"到"后雁阵分工模式②"的过渡，其理论分析的角度也一般是基于国际垂直分工视角，对于全球网络分工背景下所产生的区域网络分工关注度比较低。

本章将着重对国际网络分工体系中东亚区域内网络分工现象的出现及影响等相关文献进行综述。最后，对东亚区域内贸易结构的研究进行简单的文献回顾，说明近年来东亚区域内零部件贸易，中间品贸易，区域内贸易发展突飞猛进的主要原因。

---

① 详见本章第二节对该问题的文献综述。
② 同上。

第一节　全球生产网络文献综述

全球生产网络（Global Production Network）在经济全球化发展进程中的作用日益突出，因而也引起国际范围内众多学者的关注与研究，目前已形成了较为完整的研究体系。近一二十年来，关于全球生产网络的研究成果丰硕，其分析角度大致包括：全球生产网络的概念、研究维度、全球生产网络的组织结构、治理模式、全球生产网络与新国际贸易体系的构建、生产网络内部的产业升级、产业集聚，以及全球生产网络在部分区域范围内的锁定，即区域生产网络的形成等。此外，国内外不少学者还采用不同地区或行业数据，利用实证分析法，研究全球网络分工体系下参与国在该网络中的贡献度等相关问题。下文中，首先对全球生产网络概念进行文献回顾。

一、全球生产网络及相关概念文献综述

与全球生产网络密切相关的最初研究应该是始于迈克尔·波特（Michael Porter）在1985年公开发表的著作《竞争优势》一书中首次提到的"企业价值链"（Value Chain）概念。他认为企业可以通过在其内部建立一系列相互关联的"价值增值活动"（value added），使得价值链上的每一个环节都能够产生增值效应，最终产生的增值总和就构成了企业的"价值增值总和"。由此来看，最初的"价值链"理论是仅仅局限于单独企业内部的，但经过发展和衍生，到20世纪90年代，波特将该理论研究层面拓展到企业

外部。

与波特教授同时期做相关研究的学者还有 Kogut（1985），在分析国家竞争优势时提出了"价值增值链"（Value added chain）的概念，他认为一个国家或一个企业的竞争优势不能仅仅局限在某些商品生产的单个环节上，企业的竞争优势依靠其内部的技术投入、原料使用以及市场销售等环节的有效结合，若能在这个循环过程中使得每一部分都产生价值增值，那么企业的价值增值链就构建出来。而国家间的竞争优势可能在于各国资源禀赋的差异所导致的国家比较优势不同。与波特的"价值增值链"相比，他将此概念从企业层面扩展到国家层面，突出了价值链的空间分离。

之后，Gereffi 和 Korzeniewicz（1994）将"价值链"概念推广到世界范围，与国际产业组织联系起来。他们首次提出了"全球商品链"（Global Commodity Chain）概念，主要研究目的是考察如何提升产品在国际产销体系中的竞争优势①。该理论中以"生产者驱动"（producer – driven）和"购买者驱动"（buyer – driven）两个模式来探究产品在国际产业链中的升级。与此同时，Gereffi 还强调了在构建 GCC 时需要注意的四个部分，分别是投入—产出（input – output）结构，领域性，政治结构及制度框架（Gereffi，1995）。

Diken 和 Malmberg（2001）从地理空间维度分析了全球生产网络的产生和发展，认为全球生产网络是在跨国公司战略的推动下，价值链活动的分解、分工在越来越广阔的地理空间层面展开的过程，由此所形成的特定全球价值链"串联"起不同地理空间层面

① 参见 Gereffi & Korzeniewicz, Commodity Chains and Global Capitalism, 1994。

的生产网络，最终形成一种跨国公司主导的全球性网络联系，在地理空间纬度上就表现为一种"非连续性"的地域空间经济结构。

Emst 和 Kim（2002）认为，从本质意义上说，全球生产网络是以跨国公司为核心所推动的一种独特组织创新，并且一经产生，就被作为有效的产业组织模式，在某些方面逐渐演变为取代传统跨国公司战略的一种重要途径。通过对全球生产网络的组织结构进行分析，他们认为网络中的企业主体可分为领导厂商、旗舰厂商或当地供应商两类。

由于上述回顾中出现了全球价值链，全球生产网络，全球商品链等相关概念，它们既存在某些相似性，又有各自不同的侧重点，具体对比请参照表 2.1。

表 2.1   关于 GCC、GPN 、GVC 的概念比较

	全球商品链（GCC）	全球生产网络（GPN）	全球价值链（GVC）
理论核心内容	投入产出的价值活动：透过广泛相关的产业连接或者整合，可以增加产品附加值	研发、设计、生产、营销、服务等，从厂商生产机能的网络角度研究网络的全球区域运营	价值链构成：各环节如研发、生产、营销、服务等相互关系
	地理空间尺度：以不同企业规模来分析生产和销售的不同空间尺度集聚和分散现象，并加以解释	嵌入性：地域嵌入性和网络嵌入性的特点，以及对全球生产网络的作用	价值链中投入产出增加活动：每个环节价值增加的过程
	制度结构：区域、国家的制度如何塑造全球商品链每阶段的全球化过程	机构和制度：政府和非政府的机构和制度如何影响全球生产网络内公司的运营	体制框架：国内和国际的体制背景在各个节点上会对价值链产生影响
	权力支配结构：在此链中厂商间地位不同，如何决定资源或要素在全球的流动	从网络中讨论企业间的权利关系：权力来源，企业权力，制度权力	价值链的治理：行为主体在价值链中的权利分析，规则制定、规则监督、实施

资料来源：由 Ernst and Kim, 2001；Gereffi, 1994, 1995；Dicken. P and H. W – C.˙Yeung, 2001 整理。

综合来看，无论是早期的企业价值链理论，后来的全球价值链理论，还是最后我们所提到的全球生产网络理论，它们的核心观点即是将一个最终产品的生产过程划分为多个价值增值环节，创造出比以往更大的价值，其实质正如我国学者刘春生（2008）在《全球生产网络的构建与中国的战略选择》一文中提到："全球生产网络在本质上是个分工问题，以分工为基础，全球生产网络中的各类主体形成了网络的节点，而网络的线索就是在分工中形成的竞合关系和双赢局面，本节对经典的分工和专业化理论进行了综述，为全球生产网络理论体系奠定基础。"

二、全球生产网络实质：传统分工到国际网络分工的转变

分工"是政治经济学的一切范畴的范畴[①]"。"在亚当·斯密那里，它几乎是作为经济进步的唯一的因素"（Schumpeter，1954）。毫无疑问，GPN 框架的形成是分工国际化的结果，是生产过程和地理空间、社会制度相结合的生产组织形式[②]。

最早期的国际生产分工形式是从地区分工、机械分工以及行业分工层面开始的，那时的分工形式大多局限于单一的国家内部，各区域之间。直到 20 世纪末开始，世界经济体系发生重大转变，第二次经济全球化浪潮如火如荼地开展，新国际分工模式逐渐显现：中心国家集聚高技术生产，外围国家集聚低技术生产，而且

---

① 马克思：《马克思恩格斯全集》（第 47 卷），304 页，北京，人民出版社，1979。
② 吴锋：《生产边界与生产网络——全球生产网络研究述评》，103 页，2009 - 05。

外围国家被越来越逼迫到外围[①]。

(一) 关于"国际外包"(Outsourcing) 分工文献

根据 GARTNER 咨询公司数据,世界服务外包市场从 2004 年的 3040.83 亿美元增长到 2009 年的 4322.90 亿美元。全球外包服务 2004—2009 年的年均复合增长率为 7.9%。由此可见,外包分工形式在整体经济运行中所起到的关键性作用。

当我们阅读 Jones 和 Kierzkowski (2003) 一篇名为《国际生产分散化与新经济地理》[②] 文章时发现,文中所述:关于外包(outsourcing) 的记载,最早可以追溯到 13 世纪,当时的欧洲商人为了躲避行会控制以及企图利用廉价的农村劳动力,故将部分生产迁至厂外,当时叫做"厂外生产"(Putting - Out)。自那时起,外包生产已初具雏形。

对于外包理论的研究则始于 21 世纪初,主要代表人物有 Grossman 和 Helpman (2002),他们在理论上解释了行业特点如何影响资源外包的深度和广度等问题。Helpman 等则希望建立完整的跨国公司理论模型,把 FDI、贸易、外包等纳入统一的分析框架之内。

之后,关于国际外包分工的研究焦点则转变为讨论外包对各国,特别是外包国的就业及其福利影响。Julius Spatz 和 Peter Nunnenkamp (2002) 利用德国、日本、美国 1978—1998 年汽车产业

---

① 格罗奈维根 (Groenewegen):《劳动分工》,新帕尔格雷夫经济学大辞典,经济科学出版社,1992。

② 英文篇名:International Fragmentation and the New Economic Geography。

的国际外包数据分析了外包对发包国和承包国的福利影响①。最终结论为：伴随着全球化进程的深入，国际外包行为为德国、美国和日本等工业化国家的汽车行业带来益处，汽车产业的工资水平和就业情况相对其他制造业具有明显优势。但是，由于部分劳动密集型生产、加工环节外包给亚洲、拉美等地，这些国家的汽车行业中低技术劳动工人会面临较为不利的工资水平和潜在的失业局面。

Bardhan 和 Kroll （2003） 认为，那些使得工作与职业能够被外包的特征与美国经济的整体职业构成是相匹配的。他们认为，有14000 万个白领工作岗位或11％的从业人员受到国际外包的影响。

Girma 和 Gorg （2004） 发现在 1980—1992 年，英国服务外包对劳动生产力和全要素生产力都会产生正影响，但他们在分析时并没有区分国内外包还是国际外包。

国内学者刘庆林，陈景华（2006）利用制造业外包的理论模型对服务业外包福利效应进行分析，并证明：服务业外包对发达国家就业的消极影响是非常小的，从长期看，反而可以增加其对技术工人的相对需求，即服务外包可以带来输出国与承接国的经济增长和福利提高。

（二）关于垂直专业化分工（Vertical Specialization）文献

Keller 在 2002 年曾提及："20 世纪后期兴起的第二次全球化浪潮中，最显著的特征是国际垂直专业化分工（vertical specialization）及以此为基础的国际贸易的盛行。"

---

① Julius Spatz 和 Peter Nunnenkamp, Globalization of the Automobile Industry – Traditional Locations under Pressure? 2002.

最早提出垂直专业概念的应该是 Balassa（1965），Corden（1966）的模型中使用了垂直两阶段生产模型来研究中间产品的贸易模式和贸易效果。其中，Balassa 利用显示性比较优势（RAC）指数衡量贸易结构中的垂直分工度。但当时，他们并没有对垂直专业化分工概念加以明确的规范说明。

对这一概念做详细阐述的是 Hummels，Rapoport 和 Yi（1998）；Hummels，Ishii 和 Yi（1999，2001）。他们认为：垂直专业化的基本前提条件如下[①]：（1）产品生产要经过多个连续的阶段；（2）两个或两个以上的国家在生产过程中提供增值；（3）至少一个国家在生产过程中必须使用进口的投入品，其产出的一部分必须出口。其中第三个条件是垂直专业化区别于其他有关产品内分工和中间品贸易的关键。

Harris Richard（1993，1995）发现，电信通讯部门对国际垂直专业化分工的方向和程度具有重要的影响。

Grossman 和 Helpman（2005）认为，国际垂直专业化分工在发展中国家的发展以及它对发展中国家经济的影响，既与发展中国家本身的技术水平有关（它与发达国家的技术差距越小，发展中国家就越有可能通过国际垂直专业化分工与发达国家建立起一条具有竞争优势的产业链），也与发展中国家的制度环境有关（主要指经济契约环境）。

除此之外，Kei - Mu Yi（2000，2003）在一篇名为《垂直分工能否解释世界贸易增长》[②] 的论文中分析，世界关税水平降低仅

[①]　蒲华林：《产品内国际分工与贸易——基于中国贸易增长的经验研究》，2009。

[②]　Kei - Mu Yi，Can Vertical Specialization Explain the Growth of World Trade? 2000&2003.

仅是国际贸易急速增长中的一个因素而已，垂直专业化分工背景下的关税水平调整才能真正解释国际贸易的增长。作者在文中建立了一个动态的李嘉图贸易模型（Dynamic Ricardian Model of Trade with Vertical Specialization），以此来证明当关税水平发生下调时，参与国际垂直专业化分工的国家在某些个别生产环节上具有分工优势（Specialize only in particular stages of a good's production sequence）才能通过关税调整的渠道放大其国际分工效应。

Nicolas Schmitta 和 Zhihao Yu（2001）[1] 将贸易品和非贸易品同时引入垄断竞争模型，在规模经济，产业内贸易容量和产品生产中的贸易份额之间建立了一个正向相关的联系，结果表明：与一般的产业内贸易模型不同，产业内贸易的总体容量（the total volume of intra – industry trade）和总产出中的贸易份额（the share of trade in total output）都伴随着经济规模的增加而增加。尤其是当运行公司出口异质性产品甚至是非贸易品的时候，效应更加明显。

国内学者田文（2005）[2] 同样是利用李嘉图模型分析了比较优势对贸易模式的影响，她指出在产品内贸易成为可能的条件下，国际垂直专业化分工的竞争主要取决于中间产品的价格，而中间产品的价格高低又取决于参与国家的比较优势。因此，发展中国家在新贸易模式下仍然可以利用本国的比较优势，参与到国际垂直专业化分工网络中。

关于垂直专业化分工的经验、实证研究也是成果丰硕。最具

---

[1]　Nicolas Schmitta & Zhihao Yu, Economies of scale and the volume of intra – industry trade, 2001.

[2]　田文：《产品内贸易模式的决定与利益分配研究》，2005。

代表性的应该是 Hummels、Ishii 和 Yi（1999）[①]，以下均简称 HIY。这三位学者以其代表作《世界贸易的垂直专业化特质与增长》为国际贸易领域内的各学者提供了一个全新的研究视角。方法上他们首次运用投入—产出模型，突破以往传统数据的限制，利用 10个 OECD 国家和 4 个新兴市场国家的数据对其国际垂直专业化水平进行测算，得出的结论将在本章第三节中做具体讨论。

（三）关于工序分工/分散化生产分工（Fragmentation Production）文献

最早提出分散化、片段化分工生产（Fragmentation Production）概念的是 Jones 和 Kierzkowski（1990）。这两位国际经济学家自 1990 年以来，一直致力于对国际分散化生产这一新经济现象的深入分析和研究，对同时期以及后来者们的相关研究提供很大的启发和帮助。更加难能可贵的是，近一二十年来，他们从未放弃过对该课题的深入钻研，其追踪研究成果以更新、更广泛的视角展示给大家。

Jones 和 Kierzkowski（1998，2000）在早期关于分散化生产的分析框架中认为技术进步和服务关联活动成本（Service Link Costs），尤其是信息、运输和金融服务成本的下降直接导致了垂直一体化生产过程被分散成不同的独立生产片断，当这些生产片断同时进入国际市场时，就可以利用各国在技术上的比较优势和由于要素禀赋差异所带来的要素价格方面的不同来组织全球网络生产，以这种国际网络分工的形式带来获益的新机会。他们在分析分散化生产程度日益加深的各种原因时，特别强调了服务关联活

---

① HIY, The nature and growth of vertical specialization in world trade, 1999.

动的作用，由此分析出分散化生产与技术工人的工资率等问题。

在后来的研究中，Jones 和 Kierzkowski（2003，2004）着重分析了分散化生产贸易与新经济地理理论中的生产集聚与分散现象的关系。他们认为，在新经济地理理论中，各生产环节内部呈现规模收益递增和冰山成本（Iceberg - Costs）的规模收益不变是导致生产集聚的重要原因。而 Jones 和 Kierzkowski 对此有不同的假设条件：他们强调的是连接着外包到国外的生产片断之间的联系成本，并首次提出将报酬递增仅局限在这些服务关联活动中，忽略从生产者到消费者的运输成本（Costs - Producers - Consumers），得出的基本结论是生产的分散化（Disagglomeration）程度将会越来越高。作者认为，分散化首先会导致生产分离，然后又会导致跨产业使用的相似片断生产在全球范围的集聚[①]。

Deardorff 则是对国际分散化生产研究的又一代表人物。Deardorff（1998）以传统的两国模型为基础，研究在国际生产分散化过程中商品价格的决定因素。此后，Deardorff（2001）将分散化生产的概念应用到服务贸易领域，对贸易自由化与服务贸易和商品贸易之间的相互影响做了分析。他认为：由于国际分散生产本身是受到不同区域要素价格和技术水平差异化的推动，因此选择这一生产形式要比在国家内部不同区域间的分散生产的激励更大。但是，这也会导致服务关联活动成本更大。但总体来看，服务贸易自由化可以刺激产品和服务生产的国际片断化。

Lemoin 和 Kesenci（2002）在名为《国际分散生产进程中的中国》一文中对生产片断化这一经济现象的描述如下："正如我们所

---

① 该理论阐述请参见第三章。

看见的，商品生产流程越来越国际化了，不同国家的生产厂商参与到同一商品生产流程中，但他们却处于价值增值链条中的不同区位。伴随着生产流程的国际分散化，加工制成品的技术成熟度正在提高，生产链条上的不同生产环节其效率也得到提升。在这个背景下，一个国家只专业化生产本国有竞争优势的生产环节，从而使得价值增值链条被分裂成多条并行的生产链。"

Kohler（2002，2003，2004）则认为：外包生产、片断化生产和国际分离生产这三个概念基本上是一致的。国际外包一般都会涉及两个有争议的话题：一是要不要外包，二是外包的一般均衡结果如何。Kohler 采用的方法是通过建立一个特定要素（资本）模型来分析国际生产片断化的福利及其分配。

Gorg（2000）利用美国和欧盟两国间的内向加工贸易（Inward Proeessing Trade）数据以实证分析的方式得出分散化生产的决定因素。他认为：跨国公司或 FDI 是其主要影响因素。

Baldwin 和 Robert（2007）建立了一个关于离岸生产、分散化生产对工资、价格和贸易影响的一般均衡模型。作者认为伴随着离岸生产，将会带来技术变革和降低生产成本。他们认为：离岸本身就是比较优势，它会改变最终产品的贸易模式，因此需要对 H－O 模型做出部分修改。

（四）关于产品内分工（Intra－Product Specialization）的文献

"产品内国际分工和贸易本身并不是什么新鲜事物，如果要追根溯源，亚当·斯密的印度羊毛和李嘉图的英国棉布都属于产品内国际分工和贸易行为。但是，基于产品内国际分工的大规模发展而导致的产品内国际贸易的激增却是始于 20 世纪 70 年代后期的新现象①。"

首次提出"产品内分工"概念的正是 Sven W. Arndt（1997，1998，2001）。他认为产品内分工带来的资源节约与技术进步带来的效率提高同样导致了产出增加和国家福利水平的提高②。

Ardnt（2000）利用一个 2×2 模型，分析产品内分工条件下对中间投入品征税与否导致的各国福利水平变化。结果如下：一是对中间产品实行关税减免，而最终产品的进口关税不变，那么国家福利水平的变化视情形而定，有可能上升也有可能下降；二是对中间产品和最终产品的关税都实行减免，则会增大一国福利上升的可能性③。也就是说，如果某些国家存在关税扭曲现象，那么零部件贸易自由化未必带来好的结果。

第二节　东亚区域生产网络的文献综述

正如 Ernst 和 Guerrieri（1998）说道："近四十年来，东亚区域已经成为世界范围内最重要的加工制造基地，国际加工生产最初只起源于东亚的个别国家，之后其重心很快转移到东盟区域（ASEAN），随之转移到中国，并由此形成了一个完整的区域生产网络。"

---

① 参见 Kei‐Mu Yi, 1999；Arndt & Kierzkowski, 2001。

② Sven W. Arndt, Globalization and the Open Economy, North American Journal of Economics and Finance, 1997.

③ Sven W. Arndt, Preference Areas and Intra‐product Specialization, Claremont Colleges Working Papers, 2000.

东亚区域生产网络的最初形式实际上由东亚"雁阵分工模式"（The flying – geese model）演变发展而来，也可以说"雁阵分工模式"正是东亚区域生产网络的雏形。但是，自 20 世纪末开始，国际分工进一步深化，跨国集团在东亚地区内的投资、生产战略进一步调整，东亚地区各国对外经贸发展的政策逐渐转变，原有的"雁阵分工模式"逐步解体，此时的生产、分工形式明显突破了"雁行模式"下的垂直产业间分工格局，地区内分工形式大多遵循价值链上的不同生产环节展开，并向着更深层次的网络分工模式发展。因此，本节着重对东亚区域生产网络的雏形，及东亚区域生产网络的发展现状这两个角度做文献回顾。

（一）关于东亚区域生产网络形成雏形

日本经济学家赤松要（Kaname Akamatsu）在其 1932 年的文章《日本经济发展的综合原理》中首次提出"雁形产业发展形态"，当时他以日本的棉纺织工业发展历史进程为样本进行研究和实证分析，结果发现：日本的产业发展通常经历了进口 — 当地生产 + 开拓出口 — 出口增长这样四个阶段，并且呈周期性循环发展。由于这一结果在图表上呈现出"倒 V 形"，如同三只大雁展翅飞翔，故将其称为"雁行形态"。

随着对该问题的深入研究，日本经济学家赤松要和他的合作者在 1935 年又提出"雁行形态派生型 I"，该提法被用于说明一国国内不同产业间周期发展的变化过程，即主导产业的更替，其发展的先后兴盛衰退过程。

此后，更多的经济学家开始关注东亚地区内各国间产业发展的相互传递性以及产业发展梯次现象，经过小岛清（Kojima）、山泽逸平（Yamazawa）、Ozawa 等人的拓展和完善，之后出现了"雁行模式的派生型 Ⅱ"，此时的"雁阵模式"主要用于解释日本对东亚其他经济体的投资、贸易出口以及技术转移等带来的东亚地区经济体依次起飞的经济现象（Kojima，2000）。

而最早以"雁阵分工模式"来表达东亚地区生产、分工的网络关系则是 Bernard 和 Ravenhill（1995），他们在研究"雁阵模式"时提出，日本在东亚区域内作为该地区的领导厂商，其生产能力的扩散和研发技术的外溢，导致了层级制生产网络的出现，该效应向前关联到对美国市场的出口，向后关联到日本的技术创新，从而造成了东亚地区其他经济体对日本国的技术和资金依赖。

国内部分学者将东亚地区最初的网络生产、分工方式称为"后雁阵模式"，依据郑京淑（2007）在《"后雁形模式"与东亚贸易结构的变化》一文中所述：所谓"后雁形模式"主要体现在以下两个方面：第一，东亚区域内的分工与生产本质上仍然延续了传统的"雁阵模式"，这是由当前各国（地区）之间所存在的经济差异性所决定的。第二，东亚区域内的分工体系逐步深化，已经开始向新的水平型网络化分工体系过渡。这一新的分工体系其特征表现在以日本、"四小龙"的跨国企业为领导厂商，在东亚地区构建跨国生产网络，将产品的设计、研发、生产、销售等环节按照各国优势，进行区位上的有效配置。

（二）东亚区域生产网络形成的原因

对东亚区域生产网络理论层面的分析主要基于东亚区域生产网络形成的原因这个视角。

其主要原因，一是由于日本的海外投资。Hatch 和 Yamamura

（1996）认为：日本企业通过 FDI 的方式，向东亚地区复制了国内的部分生产体制和技术成分，由此构筑起"日本怀抱中的区域生产联盟"。

日本经济学家浦田（Urata，2004）利用日本企业对外投资情况的数据资料进行分析，比较日本的制造业跨国公司在东亚地区的子公司与在美国、欧洲的子公司对国际贸易的依赖程度，他发现对东亚区域内子公司依赖程度最高。这反映了日本企业的海外投资对东亚区域生产网络的贡献较大。

原因之二是由于东亚区域主要国家对外开放政策的战略调整。根据 Ng 和 Yeat（1999）以及 Athukorala（2003）的观点，他们认为：东亚地区内部的各子区域（Subregion）加速对外开放的步伐，像中国、印度这两个国家在国际分散化生产进程中所占据的明显优势带动了整个区域的网络化生产，使得东亚区域生产网络更加有特点。

原因之三是由于经济地理学理论中生产的集聚性与分散性。在 Jones 和 Kierzkowski（1990，2001，2004）的一系列文章中，以经济地理学中生产集聚与分散理论说明生产网络如何锁定在东亚区域的地理区位上，Jones 和 Kierzkowski 首次提出"服务关联活动成本"（Service Link Costs），他们认为如果各生产片段被服务关联活动有效结合在一起，并且在这种服务关联活动内部能够导致规模收益的经济现象，那么就更有利于生产工序的分散化。东亚区域生产网络的形成即是一个很好的例证。

原因之四是由于垂直产业内贸易与经济一体化程度的加深。Ryuhei Wakasugi（2007）在一篇名为《垂直产业内贸易与东亚经济一体化发展》① 的文章中系统阐述了由于东亚区域内垂直产业内贸易（VIIT）的发展所带来的区域内贸易结构变迁，这一变化主要体现在垂直分工的纵向深化导致了水平方向的网络交叉，以及由此形成的区域内分散化生产。

原因之五是由于东亚区域零部件贸易、中间品贸易份额比重过大。Ramkisben S. Rajan（2005）在文章《亚太地区的FDI和生产国际化：现象和政策难题》② 中阐述道：发展中国家在PCAs③ 国际贸易中的参与程度非常高，远远超过其总商品出口额度，在这个层面，几乎排名前10位的发展中国家均来自东亚地区（巴西是一个例外），正是由于零部件商品贸易的激增，导致了经济学家们纷纷关注东亚地区的生产和分工形式，这才发现东亚区域生产网络已经悄然形成。

除了以上种种原因，国内学者王静文（2007）还从制度、技术、组织以及海外华人对东亚地区的贡献等多个角度分析了东亚区域生产网络的形成因素。

第三节　东亚区域生产网络的实证分析文献综述

对东亚区域生产网络这一经济现象的关注最初源自该地区零部件商品贸易的大幅增加以及中国多年来持续贸易顺差的事实。各学者们对此课题的研究目的基本上是探讨区域内各国在分散化

---

① 该论文英文篇名：Vertical Intra – Industry Trade and Economic Inegration in East Asia。

② 该论文英文篇名：FDI and The International Production in the Asian – Pacific Region：Issue and Policy Conundrum。

③ PCAs：Parts, Components and Accessaries 的简称。

生产过程中的垂直分工度以及各国在中间品贸易中的参与度和贸易所得。由于研究目的的特殊性，我们发现诸多成果中采用计量实证分析方法的较多，占据现有成果的绝大部分，部分学者以商品类别为分析基础，部分学者以不同国家的产业关联性为分析对象，而有些成果则以计算本国进口、国外出口商品的价值增值度为出发点。因此，实证方法也呈现出多样化。

一、关于东亚区域内商品出口相似度以及在第三方市场竞争度的计算

自 Finger – Kreinin（1979）首次提出"出口相似度指标"（Finger – Kreinin Index）[①] 以来，由于其计算过程简单，商品数据容易获得，一直被沿用到现在。

Wai – HengLoke（2009）在《东亚和东南亚地区的贸易结构相似性》[②] 一文中利用"净贸易相似度指标"（Net Trade Similarity Index）[③]：

$$MS_{jk} = \left(\sum_i \min\left[\frac{NX_j^i}{TNX_j}, \frac{NX_k^i}{TNX_k} \right] \right) \times 100$$

对东亚地区和东南亚地区进行分组计算，得出东亚地区的进口相似度和出口相似度均有所增加，通过对特别产品的单独计算，

---

① Finger – Kreinin 出口相似度指标：$\pi_{jk} = \sum_{i=1}^{N} \left[\min(S_{ij}, S_{ik}) \times 100 \right]$

② 该文章的英文标题为：East Asia and Southeast Asia: Similarity in Trade Stuctures。

③ Australia（2003），China's Industrial Rise: East Asia's Challenge, Government of Australia, Department of Foreign Affairs and Trade, Economic Analytical Unit. 该指标是澳大利亚政府在 2003 年计算中国对东亚其他经济体和澳大利亚的经济发展影响时所采用的一种修正的出口相似度指标。该指标对原有指标进行了部分修正，他们用总净出口额（TNX）来代替原有的出口份额。

中国在东亚区域内并未对其他经济体的出口产生威胁，特别是相对于东盟区，其出口不具有绝对竞争力。同时，马来西亚与其他经济体的产品出口相似度有所提升，这说明其在东亚区生产价值链上的地位有所攀升。

香港学者许心鹏，宋立刚（2002）在名为《出口相似性与东亚发展模式》一文中对出口相似度指标进行加权修正，他们对Glick 和 Rose（1998）提出的加权出口相似度指数进行更加全面的修改，将分析重点集中在第三方市场的商品域上，如果这个指数随时间上升，则表明两国的出口结构趋于收敛，同时也意味着两国在第三方市场上的竞争会更加激烈。如果指数下降，则表明两国在第三方市场的专业化分工程度正在上升。数据选取为 1965—1996 年，许心鹏，宋立刚（2002）：

$$S(ij,k)_2 = \Big\{ \sum_l \Big\{ \Big(\frac{(X_{ik}^l/X_{ik}) + (X_{jk}^l/X_{jk})}{2} \Big) \times \Big(1 - \Big| \frac{(X_{ik}^l/X_{ik}) - (X_{jk}^l/X_{jk})}{(X_{ik}^l/X_{ik}) + (X_{jk}^l/X_{jk})} \Big| \Big) \Big\} \Big\} \times 100$$

其分析结果证明：日本和亚洲新兴工业体（NIEs）以及东盟、中国之间已经建立起一个较为清晰的贸易专业化分工模式，日本在东亚区域生产分工体系中仍处于领导国地位，但是此时后三类国家已经在不同阶段向日本的出口结构靠近。

二、计算东亚区域生产网络下零部件和机械类产品的贸易表现

根据 Ng 和 Yeats（2003）的计算，SITC 第 7 类产品在东亚区域内出口贸易的比重从 1985 年的 18.1% 上升到 2011 年的 47.9%。区域内所有国家或地区的出口额都有所增长，中国和 ASEAN 地区增长尤为突出，他们认为正是东亚区域生产网络的形成对中间品贸易发展提供了良好的基础。

Ando，Arndt 和 Kimura（2006）从微观角度比较了日本和美国企业在东亚区域生产网络下，零部件和机械类产品不同的贸易表现。

Athukorala 和 Yamashita（2006）以 SITC 第 7 类和第 8 类中的若干种贸易品作为零部件产品来衡量分散化贸易（Fragmented Trade）的比重。由于垂直专业化分工可能涉及更多加工制造品的类别，所以此种方法会低估垂直专业化的贸易量。

陈静、Som – nath Sen 等人（2009）以增广引力模型为实证分析工具。分析了 1992—2006 年这一期间东亚生产网络中零部件贸易的规模、结构及动态发展状况。结果是：由于吸引海外投资、双边关税下调及服务关联活动成本降低等因素，零部件贸易发展得到更显著提高。同时证明：在东亚区域生产网络的构建过程中，东亚产业链呈现出完整性和不可分割性，技术水平的梯次传递在东亚分工格局中起到重要作用。

三、关于运用投入—产出模型测算、分析区域生产网络分工度

Hummels，Ishii 和 Yi（2001）（以下简称 HIY）首次提出要对出口产品中进口的中间投入品成分进行衡量，他们将这一比重定义为"垂直专业化"（VSS），其计算指标为 $VSS = \sum_i \left[\left(\frac{X_{ki}}{X_k}\right)\left(\frac{VS_{ki}}{X_{ki}}\right)\right]$。当时，他们利用 OECD 的 10 个国家投入产出表

数据和 4 个新兴市场国家的投入产出表数据进行分析，得出结论：这 14 个国家的总体垂直专业化水平是 21%，其增长水平从 1970 年到 1990 年增长率为 31%。

Chen，Cheng，Fung 和 Lau（2001，2004）提出如何计算"直接和间接影响"（Direct and Indirect effects）。"直接影响"即是直接的价值增值，一个单位的出口产出中所需要投入的劳动力成分。"间接影响"即是间接价值增值，本国出口品中嵌入的国内中间品生产时所需要的劳动力成分。他们所利用的数据来自 2001 年和 2004 年中国的投入产出数据（33 个部门），得出的结论是：中国对美国出口中直接价值增值率是 0.19，总价值增值率是 0.48。中国对世界市场出口时，其直接价值增值率和总价值增值率分别是 0.24 和 0.545。

其后香港学者 Lawrence（2007）在一篇题为《非竞争型投入占用产出模型及其应用 ——中美贸易顺差透视》文章中，证明了总本国价值增值 + 总国外价值增值 = 一国总出口。即 $uA^D + uA^M + A_v = u$ [1]。同时，在该篇文章中，作者还利用他和他的合作者所编制的"非竞争型投入占用产出模型[2]"来计算 2002 年中美两国出口对各自国内增加值和就业的拉动效应。其结论是：中国对美国出口商品总额约为美国对中国出口商品总额的四倍，但是若以国内价值增值来衡量的话，中国对美国出口的价值含量仅为美国对中国出口的两倍左右。

----

① 文章将在第五章详细介绍各元素代表的经济学意义。
② 作者区分了加工贸易和非加工贸易对国内经济的影响，并据此提出了能够反映中国加工贸易特点的非竞争（进口）型投入占用产出模型（故简称"非竞争型投入占用产出模型"）。

Koopman，Wang 和 Wei（2008）在他们的文章中首次提出：一国出口品的本国含量和国外含量（The extent of domestic content/foreign content in exports）。他们认为：在本国出口品中嵌入部分进口中间投入品会降低本国出口品的价值增值度。他们同样对中国 2002 年投入产出表数据进行分析，但是计算方法稍作改善，得出结论：中国当时的本国出口品的国外含量达到了 50%，几乎是 HIY 计算出来的 2 倍。

DFW（2007，2008）利用 UNBEC 数据和中国国家投入产出表数据计算证明东亚区域生产网络发展非常成熟，并且以两种不同的投入产出表（Split I - O Table、Unsplit I - O Table）① 数据计算出中国出口品中的国外含量分别是 25%（非分裂投入产出表）和 46%（分裂投入产出表），由此可见，中国的加工品出口贸易额中几乎一半是来自国外的价值增值。

---

① 由于部分亚洲国家在出口商品贸易中多以加工制造品为主，且国家以政策优惠为引导，所以在这些国家的贸易出口品中，其中间品构成有区别，分列的投入产出表区分了 processing trade 的情况，详见 Dean，Judith M.，K. C. Fung，and Zhi Wang，(2007)，Measuring the Vertical Specialization in Chinese Trade，Office of Economics Working Paper No. 2007 - 01 - A，U. S. International Trade Commission.

第三章 国际生产网络
形成的理论基础

　　国际贸易理论一般围绕以下几个基础问题展开。一是国际贸易发生的基础源泉，通过比较国际贸易发生状态下与各国原始封闭状态下的开展经济活动成本大小或生产可能性是否扩张来研究国际贸易能否带来贸易所得（International Trade Gain）。从国际贸易理论的历史发展轨迹来看，从绝对优势、比较优势、规模经济、技术转移等不同角度解释了国际贸易的发生基础和源泉（Sources）。二是国际贸易的形态（Pattern）问题，该问题主要集中在回答国际贸易的国别流向、分布和贸易结构等。三是国际贸易利益的分配问题，考察不同贸易参与国的贸易条件变化，贸易对一国不同部门和要素的报酬影响等。

　　就第一个问题而言，国际贸易发生的基础主要源于国际分工体系的发生、发展和深化，本章将要展开论证的问题也正是在国际分工体系的演变进程中国际生产网络的形成以及东亚区域生产网络的构建。关于第二个问题，国际贸易的国别流向和贸易结构的分布状态将在本书第四章加以说明，关于第三个问题，贸易利益的分配和各参与国的贸易所得问题，将在本书的第五章、第六章中以模型测算的方式加以论证。

第一节　工序贸易体系和全球生产网络构建

本章第一节首先要论证的是各国之间如何通过新型国际分工模式形成全球生产网络，并且如何通过这种分工模式促进全新的国际贸易形式的出现。正如导论所述，全球生产网络的形成，其根本原因是生产技术或生产组织方式上的革新，即生产技术的片段化或生产流程的分散化。在这样的生产分工模式下，新的国际产品交换方式也随之出现，交易对象由以往最终产品的跨国交换演变成生产最终产品所需的中间投入品交换或生产流程中某个生产工序的国际交换，一些经济学家把它们称为"工序贸易"（Tasks Trading）[①] 或"中间品贸易"（Intermediate Goods Trade）。鉴于这一点，本节将首先论证国际工序分工中各国的分工互动及由此形成的工序贸易，以及其在全球生产网络形成中起到的作用。

国际工序分工与贸易体系的形成基础是生产流程中工序得以空间上的分离，前提是各国展开工序之间的分工，专业化生产某项工序，并且形成某产业在该工序上的规模经济，从而实现产业的特质化（Industrial Characterization）。在此背景下，各国之间能够形成良好的协调分工，并且实现产品生产成本的降低，在经济逻辑上形成现实的工序分工与贸易[②]。

图 3.1 表示的正是基于各国在工序上的生产、分工所产生的国

[①]　参见 Grossman Gene M. and Esteban Rossi – Hansberg（2006b）。

[②]　曾铮，2009，博士论文。

际贸易体系①。

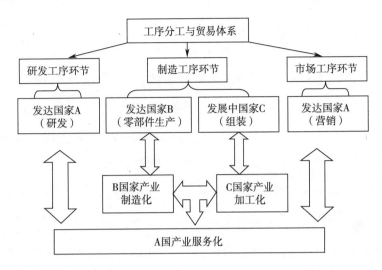

资料来源：该图参照金芳（2007）。

图3.1 国际工序分工与贸易体系的基本形成

首先来看产品的制造环节，由图中第二层次说明，制造流程基本可以分为研发工序环节、制造工序环节及市场工序环节。

下面从经济形态来看，由3.1图中第三层次表示，将世界上的所有国家暂且分为发达国家A、发达国家B和发展中国家。发达国家A是指按其经济实力分类的第一梯队发达国家，主要指美国、日本和欧洲等经济大国。正是由于这些工业化国家具有国际最强的研发能力，处于世界技术边界（Technological Frontiers）前沿，所以它们在该流程中专业化于产品的研发工序这个环节。图中第三层次中所包含的四个环节，其两头均被发达国家A所占领，这说明它们不仅在研发工序环节有优势，同时由于这些国家的品牌

---

① 金芳：《全球化经营与当代国际分工》，上海，上海人民出版社，2007。

管理和市场经营经验很强，因此还能够把握产品营销阶段的工序环节。

再看发达国家 B，这类国家基本上可以定义为"二战"之后对老牌发达国家进行追赶的国家或地区，主要包括韩国、中国台湾地区、中国香港地区等。这些国家和地区吸收了早期工业强国的新兴技术，并且在本国国内对部分技术进行改进和二次创新，它们承接了大量的外国先进行业产品生产，与此同时，在本国经济转型所带来的自身劳动力成本上升的压力之下，将产品制造流程中部分劳动力密集度较高的组装环节外包到发展中国家去，自己专业化于生产流程中核心技术产品和零件的生产，因此在图中看到是发达国家 B 专门化于零部件生产工序的部分。

对于发展中国家 C，则是以中国为代表的新兴市场国家和世界上部分不发达国家，这些国家在技术、研发工序和管理经验方面都相对落后，仅在劳动力要素上和天然生产要素上具有要素价值较低的优势。所以，这些国家只能承接来自发达国家 B 传递的加工工序环节，成为发达国家 B 制造环节中的一部分，同时也为发达国家 A 的品牌产品生产进行代工。

在这样的分工体系下，各国的产业生产特质化开始显现：发达国家 A 专业化于研发和营销，由于这些产业具有很强的生产性服务业特质，所以其产业开始呈现出服务化特征，也是为何发达国家一直以来三次产业占 GDP 总量较高的原因；发达国家 B 由于在生产梯次上传承了发达国家 A 的部分技术优势，故只能在制造业发展过程中专业化于制造工序的个别环节，其国内的制造业体系逐步优化、完善；而发展中国家 C 处于国际生产价值链的较低端，通过 OEA（Original Equipment Assembling）、OEM（Original Equipment Manufacturing）以及加工贸易的参与形式融入国际生产分工体系中，其产业形式仅属于制造产业低端的加工环节，各产业生产的加工化痕迹比较明显。在这样的国际分工体系下，各国形成了基本的专业化工序分工生产模式，国际工序贸易体系也应运而生，这两者的相互作用促使了全球生产网络的构建。

第二节　比较优势：各国参与全球 生产网络的初始动力

比较优势理论是国际贸易理论中的一个基本支柱理论，也是诠释国际贸易现实活动的一个基本理论工具。近半个世纪以来，伴随着国际分工体系的演变、深化，比较优势理论的发生、发展背景也相应地有了部分改变。一些经济学家们对比较优势理论加以新的诠释来论证新贸易体系下产品交换活动的动力、源泉。其中主要代表为 Findlay 和 Jones（2001），他们运用扩展的李嘉图模型来说明加入中间投入品和中间工序生产过程的区段生产决定。

本节首先对基本的比较优势理论进行简单回顾，在此基础上通过放松部分原有理论的基本假设条件，对国际工序产品以及中间投入品的交换活动加以理论解释，以此来证明比较优势理论依然是当今国际贸易活动发展的基本动力之一。最后，本节将用拓展的比较优势理论来证明东亚区域得以参与全球生产网络的初始动力。

一、简单的比较优势理论[①]

通过生产扩张线[②]分析框架来表示产品间的分工、交换原理，图 3.2 表示的是产品 X 和 Y 的生产扩张线。产品 X 的扩张线斜率值大于商品 Y，这表示 X 商品的投入品中资本比例较高，是资本密集型商品；而 Y 产品则相反，它具有劳动密集的特点。曲线 AC 和 BD 分别表示了甲、乙两国价值相同的等成本线。这两条曲线斜率差异表明了甲国的资本价格相对劳动力价格较低，该国是资本要素充裕的发达国家；乙国的劳动力价格相对资本价格较低，体现出该国是劳动力要素比较丰裕的发展中国家。

依据传统的比较优势国际分工理论，劳动力（或资本）相对密集的产品应该在劳动力（或资本）相对充裕，而价格较低的国家进行生产。例如，图中 X 产品的等产量线与甲国等成本线相切，切点对应的要素投入比例代表了较高资本使用密集度；Y 产品的等产量线与乙国等成本线相切，切点对应的要素投入比例代表了较高劳动使用密集度。这种要素分配在现实经济活动中的合理性能够通过图中两条虚线表示出来，这里称与 AC 和 BD 平行的两条虚线为 A'C' 和 B'D'。A'C' 表示如果把劳动密集型产品 Y 放在甲国生产，该国则需要支付更高的成本才能生产出价值一元的 Y 产品；同理，B'D' 表示如果将资本密集型产品 X 放在乙国生产，则乙国

---

① 参照卢锋，2004。

② 生产扩张线（production expansion path）表示能够生产不同数量产品的资本和劳动成本最小化组合，由于假定企业遵循利润最大化即成本最小化决策规则，所以上述组合可以看做是该产品增加产量的实际路径。有关定义参见 Pindyck 和 Rubinfeld（1995，221 - 222 页），平新乔（2001，107 - 108 页）。

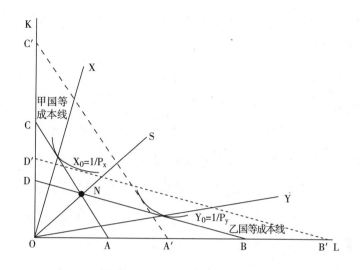

图 3.2　生产扩张线与产品间分工

需要承担较高的成本才能生产出价值一元的 X 产品。

该图中，射线 OS 表示给定的劳动力和资本投入组合比例，它通过甲乙两国的等成本线交于点 N，因此具有国际分工临界点的含义，这一点可以通过图 3.3 说明。图中假定两条等成本线 AC 与 BD 相交于点 N，技术和要素投入比例不同的三个产品的等产量线 X_1、X_2、X_3 分别与甲国的等成本线 AC 切于点 N_1、N_2、N_3，这表示在没有产品交换的原始封闭环境下，各切点都代表了甲国生产的均衡配置点。但是，这三个切点所表达的意义明显不同：点 N_1 和 N_2 都位于 N 点上方的 NC 范围，根据上文所述，X_1 和 X_2 对应的产出应该在甲国进行生产，因而这两个切点在国际分工交换的背景下也可能是均衡点。但是位于 N 点下方 AN 区间的 N_3 就不再是国际分工的均衡点，因为等产量线 X_3 还与虚线表示的等成本线 B'D' 切于点 N_4，由于 B'D' 低于 BD，在乙国生产 X_3 才能够节省成本，因而该产品应该放在乙国生产。

　　由此可以看出，不同产品的等产量线在 CN 区域与等成本线 AC 所有切点的投入品比例组合都存在一个共同特点：资本投入密集度高于 OS 线代表的资本投入密集度，在 AN 区域的所有切点，资本密集度高于 OS 线的资本密集度。因而，在这一特定分析框架中，OS 线可以说是依据比较优势进行产品间交换、分工的临界线。由于该情况下并不考虑运输成本和其他相关的交易成本，所有要素投入品中资本投入比例较高，就生产扩张线斜率大于 OS 斜率的产品，由资本要素丰裕、资本相对价格较低的甲国进行专业化生产；所有要素投入品中资本投入比例较低，就生产扩张线斜率小于 OS 斜率的产品，由劳动力要素丰裕且相对价格较低的乙国进行专业化生产。

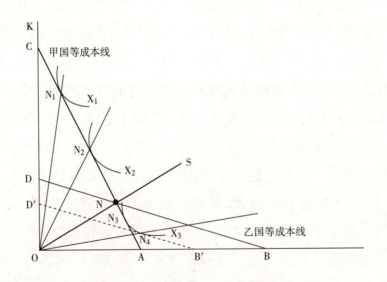

图 3.3　产品间国际分工的临界线

二、放宽假设条件的比较优势理论与全球生产网络

简单的比较优势理论分析框架实际上是建立在一系列标准假定条件基础上的，其主体思想就是认为：特定产品的生产过程必须在某一国家内部完成。这意味着以下三个隐含的假定条件：（1）产品生产过程只存在一道工序；（2）即使包含不同工序，但各工序上要素投入的比例是完全相同的，因而产品中平均要素投入比例与个别工序的投入比例相同；（3）即使存在不同的生产工序，并且各工序上要素投入比例也不同，但是由于生产技术的限制，不同工序不能在空间上分离。以上三个条件中的任何一个条件成立，就排除了由于比较优势发生工序国际分工的充分条件，然而考虑产品间分工的可能性也就会顺理成章了。因而，以比较优势的角度去考察产品内分工发生的理论基础，需要同时放松上述的三个假定条件。

由于这个假设条件的限定，产品生产中各工序在空间上的可分割性便成为以下论证的前提条件。这里主要论证存在多道生产工序，并且不同工序之间存在要素投入比例差异时比较优势成为产品内分工来源的道理。假设生产某产品 X ，见图3.4，该图表示生产 X 要经历两道工序，其中 X_1 工序属于劳动投入比较密集型的，X_2 工序属于资本投入比较密集型的，但总体来看，产品 X 是资本密集度在成本结构中占较大份额的产品。因此，如果只按产品间分工进行生产，依据比较优势理论，该产品仍然会在资本要素比较充裕的发达国家（甲国）进行。

现在对生产同一产品但包含两个不同工序的状况进行说明。X

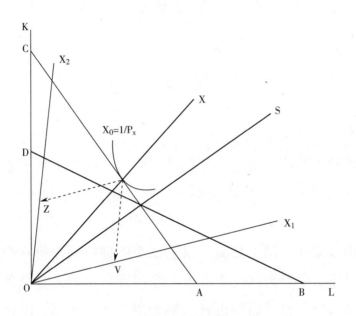

图 3.4　生产工序的投入比例差异

产品生产扩张线上的一元价值产品的生产点，可以对两道工序矢量进行加总的原理来确定，即通过 OZ 代表的资本密集型工序和 OV 表示的劳动密集型工序组合生产完成，等成本线 AC 则给出了在甲国完成这两道工序的生产过程所需要的成本量。但是其中劳动密集型工序的生产扩张线是位于 OS 线下方的，这说明了如果将该工序分配到劳动要素比较充裕的乙国进行生产时，可能会带来成本节省。

在图 3.5 中，说明了比较优势通过产品内分工是如何创造利益的原理。其中 OV 代表的是劳动密集型工序，VZ 代表的是资本密集型工序；此时允许工序在国际间进行分工，可以将工序 OV 转移到劳动力相对价格较低的乙国进行生产，工序 OZ 仍留在甲国完成，这就可能创造相对于原来的额外经济利益。为了证明该观点，我们将乙国的等成本线 BD 平行内移到与 V 点接触的 B_1D_1 位置，它表示在乙国进行劳动密集型工序 OV 的生产需要承担的成本；然后把甲国等成本线 AC 平行内移到 A_1C_1 的位置，它表示的是甲国完成 OV 工序所需的生产成本。

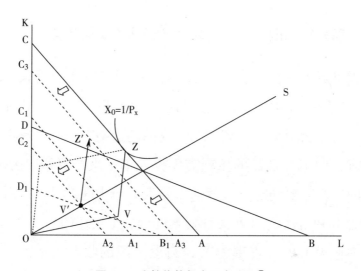

图 3.5　比较优势与产品内分工[①]

由图 3.5 可见，工序分工带来的成本优势可以用以下两种方法表示：

一个方法是过 V' 点作一条新的甲国等成本线 A_2C_2，由于最初假定 BD 和 AC 都是等值等成本线，因此 B_1D_1 与 A_2C_2 所代表的成本也是相等的。那么 A_2C_2 代表的成本量小于 A_1C_1 代表的将 OV 工序放在甲国进行生产时所需要的成本量，这两条等成本线的差异情况就显示了国际工序分工所创造出的利益。

---

① 参考 Deardorff（2001，p. 37）图 3 - 1。

　　第二个方法是从 V′ 点做一条与 VZ 平行、长度相等的线段 V′Z′，该线段表示仍然在甲国进行生产的资本密集型工序，之后过 Z′ 点做一条新的等成本线 A_3C_3，表示采取国际工序分工时同时完成两工序生产所需要的总成本。A_3C_3 位于等成本线 AC 的左下方，二者的差异也显示出产品内分工所创造出的新利益。

三、新兴市场国家参与全球生产网络的比较优势[①]

　　假设世界上存在 A、B 两个国家，A 国是发展中国家或新兴市场国家，B 国是发达国家；生产两种最终产品 X 和 Y；存在两种生产要素：劳动力 L 和自然资源 N，商品的价格 P_x 和 P_y 决定于世界市场供求；假定 X 商品的生产需要投入单一生产要素，劳动力 L；Y 商品的生产需要同时投入劳动力要素 L 与中间产品 Z，而 Z 也是由劳动力 L 和自然资源 N 两种要素进行加工生产的。

　　此时假设 L 的工资率为 W，自然资源的收益为 r_n。一单位 X 产品投入的劳动力为 a_{1x}；一单位 Y 产品投入的劳动力为 a_{1y}，中间投入品为 a_{zy}；一单位 Z 产品投入劳动力为 a_{lz}，投入自然资源为 a_{ns}。在完全竞争市场的均衡条件下，有下列等式：

$$a_{ly}w = p_x \tag{1}$$

$$a_{ly}w + a_{zy}p_z = p_y \tag{2}$$

$$a_{lz}w + a_{nz}r_n = p_z \tag{3}$$

　　用等式（2）除以等式（1）得到 A 国和 B 国产品的比较优势决定方程，记为

$$\left(\frac{a_{ly}}{a_{lx}}\right) + a_{zy}\left(\frac{p_z}{p_x}\right) = \frac{p_y}{p_x} \tag{4}$$

等式（4）左边表示相对于生产 X 商品而生产一单位 Y 商品的机会成本，用生产一单位 X 所需要的劳动力与中间产品进行衡量，而等式右边是商品 Y 对商品 X 的相对价格。

对比 A 国和 B 国的情况，假设 A 国在生产中间品 Z 的资源 N 上相对于 B 国具有要素禀赋比较优势，即 $r_n^A < r_n^B$，如果没有中间投入品贸易的状况下，P_z 由各国市场单独决定。因此，A 国在生产 Y 商品上具有中间产品价格低的比较优势，即生产中间产品 Z 时具有比较优势，而 B 国生产 Y 商品具有劳动生产率的比较优势。用数学形式可表述为 $\left(\frac{p_z}{p_x}\right)^A > \left(\frac{p_z}{p_x}\right)^B$ 和 $\left(\frac{a_{ly}}{a_{lx}}\right)^B > \left(\frac{a_{ly}}{a_{lx}}\right)^A$。此时的世界商品生产与贸易分工模式取决于这两种优势的比较。

图 3.6 是加入中间投入品要素的拓展后的李嘉图比较优势模型分析图，它是对两国生产商品 Y 的机会成本进行比较的示意图。横坐标表示中间投入品 Z 的相对价格，纵坐标表示商品 Y 的相对价格，直线 A、B 分别代表 A 国、B 国生产单位商品 Y 的机会成本，与纵坐标的交点则是生产单位商品 Y，相对于生产单位商品 X 的劳动投入，直线斜率是生产单位商品 Y 所要投入的中间产品数量，根据假设条件可得：$a_{zy}^B > a_{zy}^A$，也就是说由于 B 国劳动生产率较高，所以导致其单位投入的效率也较高。因此，直线 B 的斜率小于直线 A。

根据 Y 产品的相对价格与该产品的机会成本处于不同区域，将会导致不同的生产分工模式与贸易模式：如果 Y 产品的相对价格处于 A 国、B 国机会成本曲线的上方，则两国同时生产商品 Y；

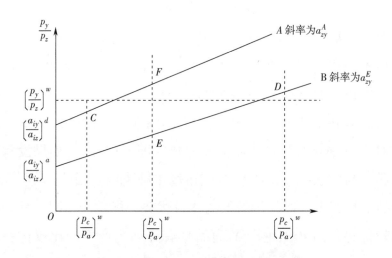

图 3.6　加入中间品投入的拓展比较优势模型

如果在 A 国和 B 国的机会成本线之间，则 B 国生产商品 Y，A 国生产商品 X；如果在 A 直线和 B 直线的下方，则两国同时生产商品 X。

如果将中间品 Z 作为 Y 产品生产的基本工序，Z 商品的相对价格就用来表示某国从事工序 Z 生产的相对成本价格。运用上述模型，可以得出比较优势在全球工序分工和全球贸易模式中的作用。

首先，分析不考虑工序分工与贸易的情况。假设需要使用中间工序和中间投入品的产品 Y，它的相对价格为图中表示的 $\left(\dfrac{p_y}{p_x}\right)^n$，A 国具有资源禀赋优势 $\left(\dfrac{p_z}{p_x}\right)^A < \left(\dfrac{p_z}{p_x}\right)^B$ B 国同时具有劳动生产率与资源使用效率的比较优势。但是，由于 A 国生产商品 Y 的资源成本比较优势较大，因此生产商品 Y 的机会成本比较小。在图中，A 国的机会成本线与 A 国进行工序 Z 生产的相对成本价格线

交于点 C，而 B 国的机会成本线与 B 国进行工序 Z 生产的相对成本价格线交于 D 点。由图可见，C 点低于 D 点，这表明在两国市场内部，A 国商品 Y 的相对价格要低于 B 国。当世界市场上 Y 商品的价格如图所示时，世界市场商品 Y.的相对价格在 A 国的机会成本与 B 国的机会成本之间。因此，A 国生产并出口 Y 产品，X 商品则由 B 国生产、出口。

如果考虑开展全球工序分工与贸易的情况，需要对上面的分析加以修改。国际分工贸易模式也会发生变化。假设由于生产技术的进步，出现工序空间上的分离，工序 Z 可以跨越国界和时空在全球范围内进行工序分工，这时工序产品成为国际交换的贸易品（Tradable goods）。在这种生产背景下，作为可贸易品的工序 Z 将会出现世界统一价格，记作 $\left(\dfrac{p_z}{p_x}\right)^w$。图中，该价格线与 A 国生产商品 Y 的机会成本线交于点 F，与 B 国生产商品 Y 的机会成本线交于点 E。到此，A 国和 B 国生产商品 Y 的机会成本分别由 F 点、E 点表示。由图可见，A 国生产商品 Y 的机会成本大于 B 国。由于商品 X 和 Y 的产品价格现在由世界市场决定，所以 Y 商品的最终生产地点由 A 国迁回到 B 国，此时 A 国从事工序 Z 的生产，并将工序 Z 中形成的中间产品出口至 B 国，由 B 国进行商品 Y 的生产，并同时生产商品 X。由此，全球工序分工与贸易得以实现。

从以上分析可见，当产品流程中的工序也成为可贸易品时，各国会在世界范围内按照本国的比较优势进行工序分工，并通过工序贸易形成全球工序分工与工序贸易体系。新兴市场国家可以根据本国的具体情况，承接由发达国家传递给它们的中间品工序生产，并通过加工、出口中间产品融入世界生产网络体系中。由此可见，比较优势同时也是新兴市场国家参与全球生产网络与国际贸易的初始动力。

第三节　规模经济与区域生产网络的形成与发展

在上一节中，利用比较优势理论证明了全球生产网络得以构建的初始动力，本节将运用规模经济理论证明新兴市场国家得以参与全球工序分工的推动力。

近年来，东亚地区新兴市场经济体在外贸出口方面一直表现出强劲的发展态势，其主要原因是规模经济对全球工序分工与贸易体系的稳定性发展具有十分重要的作用。规模经济一般指数量规模与单位成本存在反向关系的经济现象。规模经济又区分为内部规模经济与外部规模经济，二者都可能对产品内分工产生影响。内部规模经济是标准微观经济学教科书讨论的规模经济，表示对个别厂商来说单位产出量与单位成本之间具有反向关系。在横轴表示数量纵轴表示平均成本的框架中，如果有一条先下降后上升的所谓的 U 形平均成本线，成本线左端下行的区段存在着规模经济（Economies of scale），右端的下行区段对应规模不经济（Diseconomies of scale），平均成本线最低点对应的产量水平可定义为有效规模（Efficient scale）。如果企业能够在给定的市场需求范围以内，通过有效分工来扩大各自的生产规模，就可能节省成本和提高资源利用效率。由分析工序分工这一经济现象来看，规模经济是其发展的主要推动力。

　　根据克鲁格曼提出的新国际贸易理论，行业内分工贸易主要来源于规模经济。给定市场需求量和消费者对不同产品的偏好，在没有分工条件下各国的生产厂商需要生产同类型的差异产品来满足国内消费者的需求。由于受各国产品市场需求数量的限制，不同的差异性产品生产实际规模较小，因而对应于 U 形成本线的下行区间，如能扩大产出规模，便能获得平均成本降低带来的规模经济。在若干产品生产国之间进行分工，每个国家生产特定的差异产品，然后通过贸易交换来满足各国消费者对产品多样化的需求，便能通过规模经济带来成本节省和福利增加[①]。

　　这一贸易理论模型以它较强的逻辑推理性和技术上的简练性成为新国际贸易理论的经典理论，同时也成为国际贸易理论发展进程中具有里程碑意义的理论，但该理论的分析前提是以各国独立完成不同型号和样式的最终产品的全部生产过程为假设条件的，与近二十年来以产品内分工为主要标志的实际经济现象稍有偏差。如果不同生产环节对应的有效规模存在显著差异，那么采用早期的福特式空间集中一体化生产方式，即使不考虑市场需求的约束，也只能依据个别关键环节的有效规模作为整个生产体系的规模，其他有效规模较大的生产环节就不能充分实现其优势所在。而产品内分工的形式则摆脱了这一束缚。由于给定产品的不同生产区段具有不同的有效规模，就有可能通过产品内分工把对应不同有效规模的产出环节分离出来，把它们安排到不同生产空间进行生

---

　　① 参见克鲁格曼和奥伯斯法尔德（1998，第6章）。海闻等（2003，178－193）对这一模型做了更为清晰系统的介绍。

产，从而达到节省平均成本的目标。

　　图3.7 显示了不同工序存在规模经济差异的情况。假设某一产品生产流程需要采用四道工序进行生产，每个工序上的成本特质规定了各自不同的最佳生产规模。见图形左坐标轴，它所表示的是四道工序平均成本曲线和其最佳生产规模。横轴右侧，以间隔宽度代表不同工序在生产过程中的相对数量比重。纵轴则表示平均成本。如果不采用早期的福特式生产，即工厂化内部技术分工方式。即使没有市场需求规模的约束，其最佳规模也只能由一个工序环节上的最佳规模来决定。现在，假如第一道生产工序的最佳规模决定了整个生产过程的最佳规模，其他三道工序就要在偏离最佳规模的水平上进行生产，图右部不规则多边形就表示了生产总成本。总成本中 Pmin 以上部分的阶梯形面积（A、B、C的面积），就用来表示因为不允许每个工序在最佳规模进行所发生的机会成本最大值。但是，如果能够开展产品内分工，这部分成本即

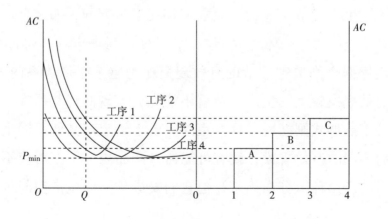

图3.7　规模经济与生产的工序选择

可构成潜在的成本节省利益来源。

从规模经济角度进行分析，揭示了工序分工可以把具有不同最优规模的工序分散到全球不同地域的生产部门和公司进行生产，就可以带来成本节省和额外利益创造。但是这个分析框架本身没有说明，工序间分工应该在某个地区或国家内进行，还是在不同国家间进行。实际上，工序分工与贸易分布形态，是由比较优势和规模经济两方面共同作用而决定的。不同工序既可以存在规模经济差异，也可以在要素投入比例上存在差异，一般来看，首先是由于特定工序的投入品比例决定了分工的国别结构，然后工序间规模经济进一步强化了这种分工。可见，规模经济也同样是国际工序分工的内在驱动力。

由此可见，无论采取哪种分工模式，分布到某个国家中的特定产品生产或工序生产，如果市场规模允许类似的大量企业同时存在，那么这些企业可能会集中在某一特定区域，形成马歇尔外部规模经济或经济地理理论中的集聚效应（agglomerate effects）。外部规模经济是对同类企业在地理位置上集中现象的解释（马歇尔，1938）[①]。克鲁格曼和奥伯斯法尔德（2002）[②] 则认为，"当规模经济存在于整个行业内部而不是单独厂商内部时，就形成了外部经济"。他们以经济现象为例证来说明该观点：例如，谢非尔德的刀具制造商和北安普顿的制衣厂商，加利福尼亚的硅谷半导体工业区，集中在纽约华尔街的金融、投资银行业，集中在好莱坞

---

① 马歇尔，《经济学原理》（上卷），北京：商务印书馆，1981（原著1938年出版）。

② 保罗·克鲁格曼，茅瑞斯·奥伯斯法尔德：《国际经济学》（第五版），北京：中国人民大学出版社，2002。

的影视娱乐业产业圈等。他们认为外部规模经济同样能够成为产业内贸易来源。这个推论也适用于工序分工与贸易现象的解释。所以，如果一国在某种产品的某个工序生产阶段上是否具有规模经济效应，不但和本国的要素结构有关系，而且和该国家在生产某种产品上的技术水平有很大的联系。

通过上述分析，我们可以看到，发达国家为了寻找工序专业化以后由规模经济导致的生产成本下降，便将产品加工工序外包给新兴市场国家；而新兴市场国家积极承接国外加工工序以后形成规模经济效应，从而也降低了成本，提高生产利润，由此产生了现实意义上的全球工序分工与贸易体系。

第四节　新经济地理理论与生产网络的区域锁定

一、新经济地理理论与国际贸易理论的结合

Peter Near（2001）曾说道："新经济地理学终于迎来了属于它的时代。"Jones 和 Kierzkowski（2004）也曾说道："在经济学的诸多领域中，国际贸易学与经济地理学早应该成为一对很好的邻居了，因为他们之间有太多共同关注的问题。"早在 1991 年的政治经济学期刊（*Journal of Political Economic*）中，Paul Krugman[①] 在名为《收益递增与经济地理》的文章中最早指出国际贸易与经济地理的关联性所在。此后，其他的国际贸易学家与经济地理学家们，也纷纷将目光转移到这两个领域的关联性研究上来。

———————————

① Krugman, Paul. Increasing Returns and Economic Geography, Journal of Political Economy, 1991.

在这里，我们首先要回答的是：什么因素将这两个不同的经济领域联系到一起；什么样的现实背景需要将这两个不同的经济学科有机地融合在一起。Fujita，Krugman 和 Venables（1999）在《空间经济学》（*The Spatial Economy*）一书中回答了这个问题，他们利用"中心—边缘模型"（Core - Periphery Model）解释了经济活动在地理位置上的聚集（agglomeration）或者分散（dis - agglomeration）。该模型的理论基础即是来自新国际贸易理论的"规模收益递增"理论工具与来自经济地理学中关于空间分离生产的"冰山成本"（Iceberg costs）理论工具。其现实背景也正是由于全球生产网络中出现的区域生产网络或者一国内部所出现的产业聚集区现象而引发的。

就现有的经济活动来看，全球范围内存在许多个并行的"中心—边缘"集聚性生产区域，国际生产网络的出现是该理论在现实经济活动中的有利实证。Ng 和 Yeat 早在 2001 年就该理论证明了东亚地区区域生产网络的出现，以及该地区部分产业的生产集聚现象，他们指出：自 1984—1996 年以来，东亚地区的零部件制成品出口额以快于传统加工制成品 2~3 倍的速度逐年增长。同样的现象也出现在美墨生产框架下（maquiladora phenomenon）。Yeat（2001）指出："截至目前，有大约 30% 的全球手工制成品贸易属于零部件中间品贸易，而该现象在五六十年代几乎是不存在的"。

这种新贸易现象的出现同时也伴随着生产活动的分散化（dis - agglomeration）现象。国际生产网络和中间品贸易的出现进一步加强了"运输成本"（transportation costs）在经济地理学的重要性。那么，对于运输成本的关注便成为区域集聚生产与区域分散生产共同关注的问题。

根据 Jones 和 Kierzkowski（2004）①，将运输成本分为两大类：一类是由生产者到消费者的运输成本（producers to consumers），另一类是由生产者到生产者的运输成本（producers to producers）。下面将通过一个可替换的生产与成本分析框架（alternative scenarios）来说明：伴随着经济增长，生产活动呈现出更大程度的地区集聚现象，比如东亚与美墨的生产区域网络；还是更大程度的国际分散现象，比如零部件中间品贸易的快速增加。

首先，关于成本的说明，这里忽略最终产品到达消费者过程中所需要的相关成本，我们只关注在分散一体化生产流程中生产者到生产者所需成本。

其次，关于收益递增产生的背景说明，假设收益递增发生在连接各生产流程的关联活动（service link activities）中，这种服务关联活动包括用来连接处于不同区位的各分散生产环节的所有活动。该活动包括运输活动，所以关联活动成本包含了运输成本②。

最后，收益递增被认定发生在服务关联活动中，即各生产片段之间而不是发生在生产工厂层面，即生产片段内部。

二、集聚与分散：一个可替换分析框架

在可替换分析框架中，我们比较在一体化生产区位中（可以

---

① International Trade and Agglomeration: An Alternative Framework, 2004.
② 该成本在经济地理中被认定固定不变。

是一个公司内部，图3.8中以直线 IF 表示）生产一个最终产品所需成本，与将同一生产流程分散到两个不同区域或国家来完成一个最终消费品生产所需成本的差别。如果出现分散化生产，那么可能是由于在某个分散生产地区其要素价格或要素生产率较高，劳动力密集度高的地区可能集中生产劳动投入高的产品。在图3.8和图3.9中，水平轴 Y 表示总产出，纵轴 X 表示生产总成本。IF 表示生产活动发生在同一地区或公司。OF 表示片段化生产，外包或者分散化。

如果发生分散化生产，即生产流程在两个不同区域，这会导致额外的成本发生，比如运输成本，信息成本等。当生产被分散化时，这种服务关联活动成本会比较高，尤其是当分散到不同国家进行生产的时候。图3.8和图3.9的主要区别在于收益递增发生在哪一类活动中。图3.8是以 Fujita，Krugman 和 Venables 模型为基础，规模收益递增发生在各生产环节内部，表现在简单模型中，即是边际成本不变。图形中 IF 和 OF 曲线呈逐渐递增，此时 OF 的生产成本在产出为正的情况下比 IF 低。在此基础上，假设连接两部分生产的总成本以运输成本形式出现，即所谓的"冰山成本"，在这个模型中认定运输的规模收益不变。因此，图3.8与图3.9中的服务关联活动是两个不同的概念。图3.8中的总分散生产成本 TFO 是在最初的运输成本 IT 上加总 OF 成本所得到的。

再看图3.9（对于规模收益不变假设条件下的分析），既存在于一体化生产 IF 中，又存在于分散生产流程 OF 中，此时 OF 的生产成本要低于 IF 环节（由于各地区生产要素的高利用率）。而对

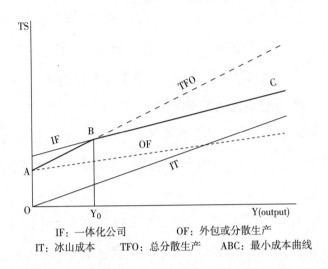

IF：一体化公司　　　　OF：外包或分散生产
IT：冰山成本　　TFO：总分散生产　　ABC：最小成本曲线

图3.8　集聚生产

于服务关联活动成本，则给予一个极端的假设，所有关联成本均为固定不变，无论生产规模大小。因此，TFO总成本是OF曲线的直接水平上移。

在这两个不同的生产框架下，最优生产成本曲线表现为黑体折线，折点处对应的是产出水平 Y_0。大规模的产出水平带来的究竟是分散还是集聚？从该分析框架来看，结果是让人吃惊的。图3.8中，运输成本表现为冰山成本，在分散生产背景下，所对应的产出水平比较低。独立生产的成本可能会低于连接两部分分散生产所带来的交通运输成本，但是如果要进行大规模产品生产时，需要外包或分散生产，一方面可以带来生产的规模收益，另一方面要维持付出较高的运输成本。

相反，在图3.9中，大规模生产导致更大程度的分散化，由于规模收益递增被局限于服务关联活动以内（该活动包含运输活动)，它需要外包生产流程中的片段化生产环节，这样才能获益。

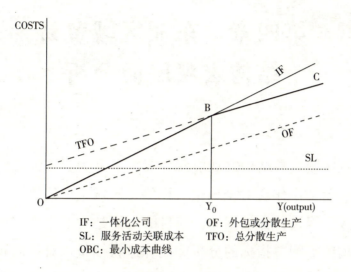

IF：一体化公司　　　　　OF：外包或分散生产
SL：服务活动关联成本　　TFO：总分散生产
OBC：最小成本曲线

图3.9　分散生产

第四章 东亚区域贸易
结构宏观层面分析

东亚区域贸易结构宏观层面分析是本书为下文进行论证的过渡章节。前文中作者对全球生产网络、区域生产网络的概念、特征及形成原因进行详细阐述，其目的主要是为下文中东亚区域贸易价值增值等相关指标的分析和测算进行铺垫。对该问题的深入探讨需要将其放置在东亚区域宏观贸易结构的框架内，因此本章将分别从东亚区域贸易结构的外部宏观背景，东亚区域贸易结构的历史衍生路径以及东亚区域贸易分工中各行业产品的相互关联性进行分析，从而得出东亚地区在参与全球生产网络分工进程中，其贸易结构的本质特征及发展演变趋势。

本章首先对东亚地区商品贸易发展的外部环境进行不同层面的特征性介绍，其次对东亚地区各行业类产品的进出口结构进行动态对比分析，以区域生产网络形成之初与区域生产网络现有状态下的产品进出口结构进行对比，并得出结论。

第一节　东亚地区商品贸易发展宏观背景

一、全球商品贸易发展总体受挫

由 WTO 发布的 2010 年国际贸易统计报告来看，2009 年全球商品货物贸易出口显然遭遇重创，总商品贸易出口价值比上年下降 12%，而这一年的 GDP 跌幅率也仅仅为 2.4%（见图 4.1）。导致全球商品货物贸易急剧下降的原因非常复杂，包括传统市场外部需求的缩减，全球商品价格下滑，国际供给链本身出现的问题，以及后金融危机在各地区的传播效应等。

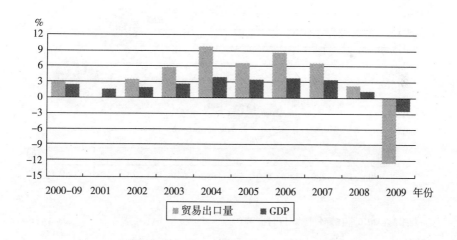

资料来源：2010 年国际贸易统计报告，WTO。

图 4.1　世界商品贸易出口总量及 GDP 发展趋势图

从图 4.1 可以看出，国际贸易总体发展趋势从 2007 年开始即呈现出下滑趋势，但自 2009 年开始，国际贸易出口总量以及 GDP

增长均进入负增长状态，国际经济发展前景不容乐观。

二、中国成为国际商品货物贸易领导出口国

同样是在 2009 年，国际商品贸易大国地位发生重大调整，中国超越德国成为世界第一大商品出口国，德国、美国分列第二位、第三位。美国仍然保持世界第一大进口国地位，但是其进口量从 2008 年的 13.1% 下降到 2009 年的 12.7%，而中国的进口总量则从 2008 年的 6.9% 上升到 2009 年的 7.9%，因此中国成为世界第二大商品贸易国（见图 4.2）。中国在全球经济发展低迷时期仍然保持了较大幅度的贸易进出口增长，由此可见中国国际商品贸易发展潜力很大。

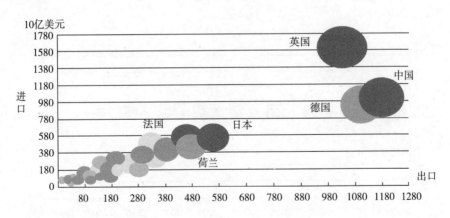

资料来源：2010 年国际贸易统计报告，WTO。

图 4.2　世界商品贸易出口领导国或地区

三、区域内商品贸易远远超越地区间商品贸易

欧洲、亚洲两大国际贸易区仍然是以本区域内各国、各经济

体之间的商品贸易为主要贸易流向目的地。由图4.3中2010年统计数据来看，欧洲内部的区域内贸易成交额占其贸易成交总量的71%，而亚洲地区的该比重是53%，北美地区以50%列第三位。

由图4.3可见，除了亚洲、欧洲两大地区的区域内贸易占据贸易成交总额较大比重以外，其他地区的区域内贸易均占贸易成交总额近似一半左右的比重。各地区域内部的区域内贸易成交额比重请参见表4.1。

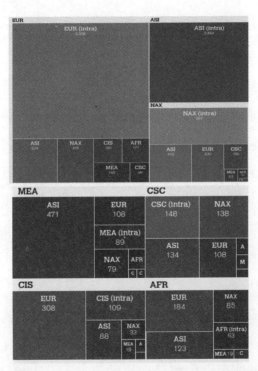

注：图中EUR代表欧洲地区；ASI代表亚洲地区；NAX代表北美地区；CSC代表中、南美地区；CIS代表独联体地区；AFR代表非洲地区；MEA代表中东地区。

资料来源：2011年国际贸易统计报告，WTO。

图4.3 2010年世界各地区区域间贸易流向

表 4.1   **世界商品贸易区域流向比重（2009 年）**

目的地\起源地	世界	北美	中南美	欧洲	独联体	非洲	中东	亚洲
世界	100.0	100.0	100.0	100.0	100.0	100.0	100.0	100.0
北美	13.2	37.9	29.3	5.7	3.0	7.2	9.7	10.1
中南美	3.8	5.7	27.4	1.8	1.9	3.3	2.2	3.0
欧洲	41.2	18.1	17.1	70.9	47.1	41.5	30.1	13.3
独联体	3.7	1.2	1.2	4.7	27.9	1.8	2.8	2.0
非洲	3.2	3.2	2.1	2.9	0.4	11.5	2.3	2.7
中东	5.7	3.0	1.1	1.5	1.2	8.6	20.9	11.2
亚洲	29.4	31.0	21.8	12.5	18.5	26.0	32.0	57.8

数据来源：2010 年国际贸易统计报告，WTO。

首先来看表 4.1 中第二行关于北美地区的贸易数据，该地区对其他区域的商品贸易成交额最高比重依然是来自该区域内部，比重高达 37.9%。其次是对中、南美地区，比重达到 29.3%。再看表中第四行关于欧洲地区，该地区对其他区域的贸易成交额最高比重同样是来本区域，比重高达 70.9%，与其发生商品贸易交易的第二大区域是独联体地区，比重高达 47.1%。北美和欧洲地区对亚洲地区的商品贸易流量均占据其本地区的较小份额，分别为 10.1% 和 13.3%。

最后来看表中最后一行关于亚洲地区数据，该地区对其他区域的贸易成交额比重最高的同样是来自该区域内部，比重高达 57.8%。与亚洲地区发生贸易交易的第二、三大地区分别是中东地区（32.0%）和世界其他地区（29.4%）。

区域内贸易的高度发展主要有以下原因：一是区域内关税壁垒较低，部分地区有区域贸易协定的保障。二是在区域内进行商品货物交换，其交易成本较低，主要是运输成本的减少。三是在本区域内进行商品贸易活动不太容易导致贸易摩擦和贸易纠纷。

四、亚洲地区商品贸易发展危机中仍显上升趋势

（一）总体商品进、出口情况分析

首先，从亚洲地区的总体商品进出口情况来分析该区域的贸易发展趋势（见表4.2）：出口方面，自1948年开始至2009年，亚洲地区的商品出口份额呈直线上升趋势，从1983年的19.1%上升到2009年的29.4%。而北美和欧洲的对外出口均呈现出下降趋势。再看进口方面：亚洲地区的商品进口也是一直呈增长态势，从1983年的18.5%增加到2009年的27.4%。北美地区截止到2003年时还呈现出微小的增长幅度，但是自2009年，该地区对外部进口需求的依赖开始缩减，降低了近4个百分点。欧洲地区的对外进口需求同样出现微弱减幅。由此可以看出，整个亚洲地区对外部商品的进、出口发展一直呈现出良好态势。

表4.2　　　　　　世界各地区商品进、出口占世界总份额　　　　单位：%

出口（年）	1948	1953	1963	1973	1983	1993	2003	2009
亚洲地区	14.0	13.4	12.5	14.9	19.1	26.1	26.2	29.4
北美地区	28.1	24.8	19.9	17.3	16.8	18.0	15.8	13.2
欧洲地区	35.1	39.4	47.8	50.9	43.5	45.4	45.9	41.3
进口（年）	1948	1953	1963	1973	1983	1993	2003	2009
亚洲地区	13.9	15.1	14.1	14.9	18.5	23.7	23.5	27.4
北美地区	18.5	20.5	16.1	17.2	18.5	21.4	22.4	17.5
欧洲地区	45.3	43.7	52.0	53.3	44.2	44.5	45.0	41.5

数据来源：2010年亚洲发展报告（贸易篇）。

（二）分类产品进、出口情况分析

首先由农产品、矿产品及手工制造品的基本分类来看（见图4.4），亚洲地区总体商品货物贸易发展态势截止到2007年一直呈上升趋势，其中手工制造品出口贸易额远远超越其他两大类产品。这里值得注意的是亚洲地区的燃料、矿物类产品出口在2008年全球经济危机中表现出突然上升走势，但至2009年又再次回落到正常水平。

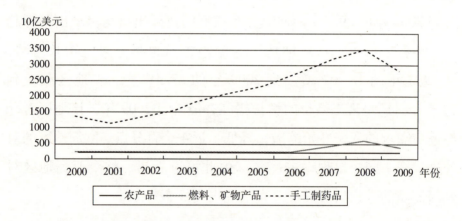

资料来源：2010年亚洲发展报告（贸易篇）。

图4.4　2000—2009年亚洲地区各类产品出口

下面将对东亚地区2009年贸易增长幅度较大的几类产品进行数据分析：首先来看加工制造品贸易的总体表现（见表4.3），世界加工制造品贸易的出口和进口额占总商品贸易成交额的比重分别是68.6%和68.0%。在进、出口方面均超过世界总体水平的是北美地区和欧洲地区，而亚洲地区的情况显然有些特殊，由表4.3最后一行数据得知，亚洲地区的加工制造品出口比重高达79.9%，已然超越其他所有地区占据世界第一位的位置，而进口方面却达

不到世界总体水平的 68.0%，以低于出口 17 个百分点的比重
（62.8%）和北美地区位列最后。从这个数据来看，就不难理解东
亚地区以中国为代表的新兴发展中经济体对美国的长期顺差是如
何而来的。

表 4.3　　　　　2009 年世界各区域加工制造品贸易占总商品贸易份额　　单位：%

	出口	进口
世界	68.6	68.0
北美	70.5	73.0
中南美	27.4	62.8
欧洲	77.3	70.9
独联体	24.1	72.6
非洲	19.2	69.5
中东	27.3	77.0
亚洲	79.7	62.8

数据来源：2009 年世界贸易统计报告，WTO。

其次，分别考察 2009 年亚洲地区的办公设备、电子设备以及
汽车零部件这三类产品的进、出口发展状态（参见表 4.4 及表
4.5）。表 4.4 是对 2009 年办公及电子设备产品进、出口状况的直
观描述，表中对该类产品的统计分为两个部分，一部分是考察办
公、电子设备占总体商品贸易的比重，而另一部分只考察该类商
品在加工制造品贸易中的表现力。

从总额比重来看，2009 年全球的办公、电子产品出口额和进
口额均占据总贸易额的 10.9%，亚洲地区则以 22.0% 和 15.3% 的
高比重列世界各地区第一位。同时，该类产品的出口、进口份额
在加工制造品贸易总额中的占比情况是，世界比重均占据 15.8%，
而亚洲地区的该比重分别为 27.6% 和 24.4%，出口额高出世界水

平近 12 个百分点，进口额高出近 9 个百分点。由于该类产品在国际商品标准分类中一般被标识为第七大类产品的中间品贸易，这就不难理解亚洲地区为何以中间品贸易的快速发展而引起全球目光的关注，但就亚洲地区本身来看，该类产品的进口额低于出口额 3 个百分点。

表4.4　　　　2009 年办公、电子设备产品贸易占世界商品贸易比重

占世界总商品贸易百分比（%）	出口	进口
世界	10.9	10.9
北美	10.8	13.9
中南美	1.1	7.5
欧洲	6.7	8.8
独联体	0.4	4.7
非洲	0.6	5.1
中东	2.9	6.8
亚洲	22.0	15.3
澳大利亚、日本、新西兰	10.6	11.2
亚洲其他地区	25.0	16.4
占加工制造品百分比（%）	出口	进口
世界	15.8	15.8
北美	15.4	19.1
中南美	3.9	10.9
欧洲	8.6	12.4
独联体	1.5	6.5
非洲	3.3	7.4
中东	10.5	8.9
亚洲	27.6	24.4
澳大利亚、日本、新西兰	15.0	19.1
亚洲其他地区	30.5	25.7

资料来源：根据 2010 年国际贸易统计数据计算、整理获得。

　　最后，来看 2009 年汽车零部件产品的进出口表现。该类产品的世界出口和进口份额在总体货物贸易的份额比重均是 7.0%，而占加工制造品商品贸易份额比重均是 10.1%。同时来看世界各地区的相关情况，在总体商品贸易份额中，澳大利亚、日本、新西兰以出口 13.9% 的比重位居第一，北美以 9.8% 的进口比重位居世界第一，亚洲份额则远远低于世界水平，仅以 5.3%、3.1% 的比重列地区后几位。而在加工制造品中的比重，亚洲地区也是仅以 6.7% 和 4.9% 的低份额位居各地区的后几位。

表 4.5　　　　　　2009 年汽车零部件产品贸易占世界商品贸易份额

占总商品贸易份额（%）	出口	进口
世界	7.0	7.0
北美	8.9	9.8
中南美	3.3	7.6
欧洲	9.4	8.1
独联体	0.8	6.1
非洲	1.4	8.9
中东	2.7	9.4
亚洲	5.3	3.1
澳大利亚、日本、新西兰	13.9	4.1
亚洲其他地区	3.0	2.8
占加工制造品份额（%）	出口	进口
世界	10.1	10.1
北美	12.7	13.4
中南美	12.1	11.0
欧洲	12.1	11.4

续表

占加工制造品份额（%）	出口	进口
独联体	3.2	8.4
非洲	7.2	12.9
中东	9.8	12.3
亚洲	6.7	4.9
澳大利亚、日本、新西兰	19.7	7.0
亚洲其他地区	3.7	4.4

资料来源：根据 2010 年国际贸易统计数据计算、整理获得。

第二节　东亚地区贸易结构动态比较分析

本节将对东亚区域内八个主要经济体的主要产品进出口结构进行动态比较，下文中分别选取 1990 年、2007 年①各产业部门的产品进、出口数据，并在此基础上进行图形对比分析，由此可以较为直观地考察出东亚地区在网络分工最初形态下（1990 年）以及网络分工目前发展状态下（2007 年）各产业产品的进、出口结构变化特征，从而得出东亚地区贸易结构的动态变化分析。

一、数据选取及图形说明

由于本节对东亚地区贸易结构考察目的的需要，下文主要是基于宏观贸易结构层面的分析。因此，在数据选取上采用联合国

---

①　这里选取 2007 年为截止时间的主要原因：一是要剔除金融危机给东亚地区带来的进出口影响波动；二是本节需要展现给大家的是东亚地区商品贸易结构的稳态发展。

COMTRADE 数据库的国际贸易标准分类 SITC（Rev. 3）1 位数据（即产业层面数据）为分析对象（见表 4.6 产业产品类别说明）；

时间跨度选取为：1990 年与 2007 年的动态对比；

图形说明：下文图中灰色条形代表 1990 年数据，黑色条形代表 2007 年数据。横轴中数字 0～9 分别代表十大类产品，纵轴代表各类产品在进出口总额中所占比重。

表 4.6　　　　　　　　　SITC（Rev. 3）1 位数据分类

代码	商品描述
0	食品及生鲜动物品
1	饮料、烟草
2	天然原材料
3	矿物燃料，润滑剂，相关矿石
4	动植物油，油脂，蜡
5	化学制品及相关产品
6	加工制成品
7	机械类、运输类设备产品
8	加工制成品杂项
9	其他未分类商品

资料来源：联合国 UNCOMTRADE 数据库产品分类。

二、动态对比分析

这里将各国、各部门产品的进出口动态发展变化以条形图的方式描述出来，由此可以直观得出东亚地区各国产品进出口结构的历史变迁，并且可以从产业层面观察出该地区贸易结构的动态变化。

东盟经济体：

1. 马来西亚

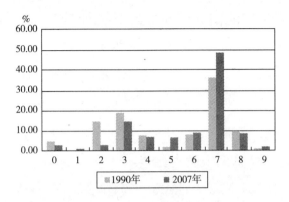

图 4.5（a）   出口商品结构

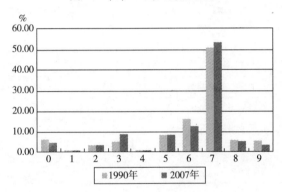

图 4.5（b）   进口商品结构

2. 新加坡

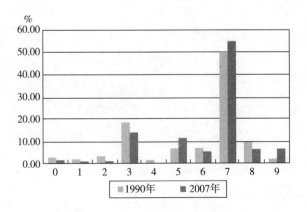

图 4.6（a）   出口商品结构

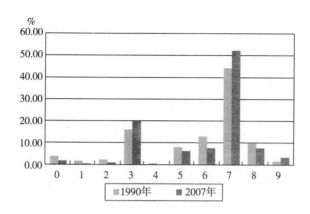

图4.6（b） 进口商品结构

3. 泰国

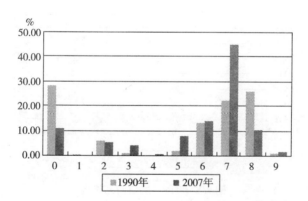

图4.7（a） 出口商品结构

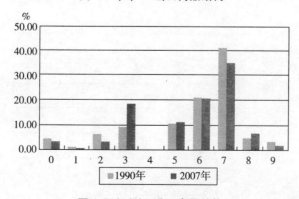

图4.7（b） 进口商品结构

4. 菲律宾

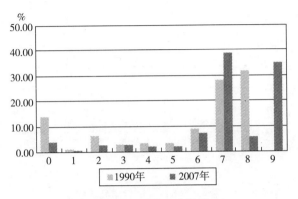

图 4.8（a）   出口商品结构

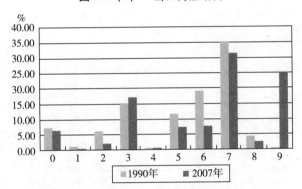

图 4.8（b）   进口商品结构

5. 印度尼西亚

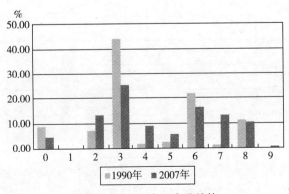

图 4.9（a）   出口商品结构

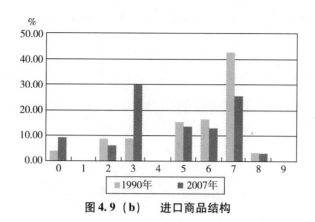

图 4.9（b）　　进口商品结构

以上条形图数据显示，东盟经济体中各国产品进、出口结构既存在相似之处也有明显区别，下面对各国进行具体分析：

1、2. 马来西亚与新加坡

这两个国家的产品进、出口结构在初始状态及动态变化发展方面均表现出相似趋势。两国的主要产品进、出口额均在第七类产品（机械及运输设备类产品）占较高份额。其主要原因是由于大量的中间产品从马来西亚出口到新加坡以后，在新加坡进行再加工，随后转而出口去往其他地区。对于这两个国家而言，他们的出口商品结构和进口商品结构本身存在很多相似成分。

3. 泰国

该国的产品进、出口结构与马来西亚、新加坡两国部分相似，同样是在第七类产品的进、出口方面占有较高份额，但是与这两个国家相比，泰国有两个明显的不同之处：一是第七类产品的进、出口动态变化，该国的机械、运输设备产品出口额从 1990 年的22% 上升到 2007 年的 45%，涨幅增加一倍，这充分说明泰国在参与东盟乃至东亚区域贸易分工体系过程中其融入程度逐渐增强。

二是表现在第零类产品，马来西亚和新加坡在该类产品的出口方面近似为零，而泰国在 1990 年时该类产品出口比重高达 30%，而到 2007 年仍然保持 10% 的产品出口比重。这表明泰国在出口贸易方面仍然依赖于该国所禀赋的自然资源，只是其依赖程度呈逐渐减弱趋势。

4. 菲律宾

该国的产品进出、口结构依然表现在第七大类产品占据较高比重，主要是进口方面从 1990 年的 29% 上升到 2007 年的 39%，涨幅达到 10%。而出口方面则表现出微弱下调。由该国的条形图对比分析来看，同样存在两个明显的动态变化：一是第八类产品（加工制造品其他项）的进、出口动态变化，出口方面呈现出较大的下降趋势，从 1990 年的 32% 下降到 2007 年的 8%，这表明该国在出口贸易方面已从较为底端的加工制造其他类产品逐渐调整到第七类机械设备、运输设备类产品的出口贸易。二是第九大类产品的进、出口动态变化，根据第九类商品细则，该类产品主要包括钱币、黄金、邮政包装等。菲律宾从 1990 年近似为零的该类产品进、出口结构发展到 2007 年出口贸易高达 35%（与第七类产品出口比重相当），进口贸易高达 25% 的动态变化过程。这说明菲律宾在参与东亚区域生产、分工体系进程中逐渐调整其贸易结构，充分发挥并利用该国比较优势及资源禀赋，使得本国贸易结构呈现出特色性发展。

5. 印度尼西亚

该国的出口商品结构跟东盟其他经济体相比非常特别。印度尼西亚的主要商品出口集中在第三类产品（矿物燃料、矿石等）

和第六类产品（手工制成品）上。而进口贸易则集中表现在第三类产品和第七类产品上。从该国贸易结构的动态调整来看，产品出口结构表现出较大变化，本国传统类别的产品出口均呈下滑趋势（第三类产品从1990年的45%下降到2007年的25%），而第七类产品出口则表现出较强的发展潜力，从1990年的2%上升到2007年的12%，这说明印度尼西亚的出口贸易结构也在经历从低端的手工制造品逐渐调整为技术密集型的机械、运输设备类产品，该国正在逐渐融入东亚区域生产网络构建进程。

中、日、韩三大经济体对比分析：

6. 中国

由产品进、出口结构分析图来看，中国的主要进、出口贸易集中在第六、七、八三大类产品上，进口结构与出口结构相比集中度不高，略微分散在不同产业类产品上，但是占较大比重的主要是第六、七两类产品。这说明中国的出口贸易结构比较单一，主要集中在手工制造品、机械设备、运输设备类产品及加工制造类其他项产品，而进口贸易结构则稍显多元化，表现在第二、三、五、六、七、八类产品均有不同比重进口。

从动态发展趋势来看有突出表现的是第七类产品，进、出口均呈现上升势头，但出口方面从1990年的18%上升到2007年的48%，长幅高达三倍，同时进口方面在2007年也达到42%，这说明中国在机械、运输设备这类产品上首先大量进口部分中间品，然后在中国市场进行简单加工制造后，再次出口到其他国家，中国的贸易结构在动态发展中并没有表现出实质性结构优化。

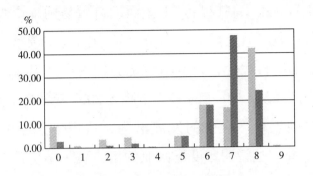

图 4.10（a）   出口商品结构

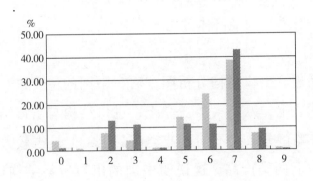

图 4.10（b）   进口商品结构

7、8. 日本与韩国

日、韩两国的产品进、出口结构既不同于东盟各经济体，也不同于中国。这两国的贸易结构总体表现出较多相似之处，但就不同产品的进口与出口也存在一些区别。日本在出口贸易结构上一直是较为单一模式，1990 年至 2007 年，其出口贸易全部集中在第七类产品，且出口比重高达 65% ~ 70%[①]。然而在进口贸易

[①] 日本在1990 年时第七类产品出口比重是 70%，截至 2007 年下滑至 65%，主要是由于东亚地区其他新兴市场也出口相关类产品，挤占了部分该类产品的出口份额。

方面则表现出非常分散的多元进口结构（零至九类产品均有进口），这主要是由日本国家的资源禀赋特征和比较优势所决定。

　　韩国的总体商品进、出口结构与日本非常相似，出口单一，进口分散。在出口方面与之不同的是，韩国在第六、八类产品上也占据一定比重的出口份额。只是这两类产品的出口比重在逐渐缩减，其缩减部分被第七类产品出口取代，至2007年，韩国的第七类产品出口高达60%，与日本不相上下。这说日、韩两国的产品出口优势主要表现在两国所占据的技术领先优势上，因为两国的出口贸易中超过一半的成交额均来自资本、技术密集型产业，而进口方面由于两国的自然资源禀赋受限，故需要全面进口其他类产品。

　　日本

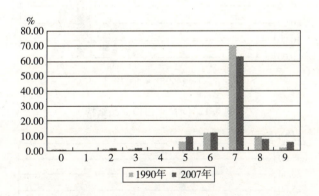

图 4.11（a）　出口商品结构

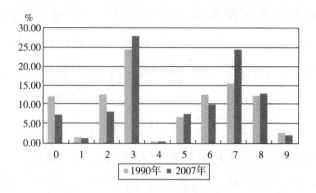

图 4.11（b）　进口商品结构

韩国

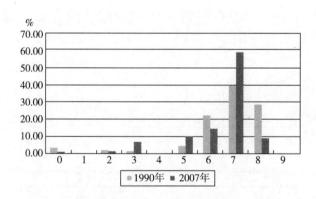

图 4.12（a）　出口商品结构

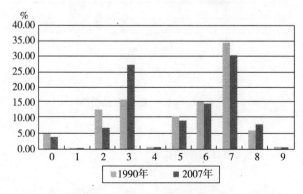

图 4.12（b）　进口商品结构

第三节　东亚地区各经济体
各部门产品进出口结构特征

由本章第一、二节内容来看，东亚地区商品贸易发展总体呈上升势头，尽管世界商品贸易总额在 2009 年下滑 12 个百分点，但是亚洲地区的总体商品贸易在 2009 年仍然占据世界商品贸易交易总额的 27.4%（进口方向）和 29.4%（出口方向）。

就东亚区域内各国、各部门产品的进出口现状来看，主要有以下几方面特征：

第一，自 1990 年至 2007 年以来，东亚新兴发展中经济体（中国与东盟经济体①）的商品出口结构在动态发展进程中表现出部分结构优化。主要是在第七类产品的出口贸易上各国均有大幅增长，而部分手工制造品的出口则表现下调趋势。这就说明以中国为代表的新兴发展中经济体在参与全球生产、分工体系进程中已经越来越多地融入到区域生产链条中，并逐渐提升其价值增值度，开始向资本、技术密集更高程度的生产环节攀升。

第二，新兴工业经济体（NIEs 新加坡、韩国）的商品进出口结构表现出稳中有所调整。两国自 1990—2007 年以来，在第六、七类产品的进出口总体上并没有表现出大幅调整，新加坡在第七类产品的出口上微有上调，而韩国在第七类产品的出口上表现突出，从 1990 年的 40% 上升到 2007 年的 60%，这说明在东亚生产网络构建过程中，韩国的中间品出口贡献度较大；进口方面则呈

① 这里和下文分析中所提到的东盟经济体仅包含马来西亚、泰国、菲律宾、印度尼西亚四国。

相反趋势，新加坡在第七类产品的进口上涨近 10%，而韩国则下降了 5 个百分点。

第三，发达经济体日本依然是区域生产网络中的技术领军国。由于日本一直以来的出口贸易结构单一，除了出口资本、技术密集型的第七类产品以外，其他类产品完全依赖外部进口需求。这里值得提出的是，自 2007 年日本的第七类产品出口已经开始呈现下滑趋势，这表明该国的技术、研发能力并不能像 20 世纪末那样保持较高速度的发展，同时也说明东亚地区其他国家在第七类产品出口上后劲十足，对日本产生一定程度的竞争效应。

第四，总体来看，东亚区域贸易结构正在经历从"旧三角贸易模式①"向"新三角贸易模式"的转变。在旧三角贸易模式下，东盟经济体所扮演的角色只是原料供给地，它们为日本和 NIEs 提供自然资源或初级产品，严格意义上还没有真正进入东亚区域生产网络的核心层面。但是正如在上文的动态对比分析中所见，自 21 世纪初开始，NIEs 的技术、研发水平有所提高，中国和东盟经济体开始逐渐参与到工业产品的贸易体系构建中，形成了"新三角贸易"模式，该模式下 NIEs 开始向东亚区域提供资本品、中间产品，而中国和东盟经济体开始承接中间品组装和加工环节，由此形成了 NIEs→ 中国、东盟经济体→欧美地区的新型东亚贸易格局。表 4.7 ~ 表 4.11 数据即是对东亚地区各经济体自 1990 年至 2008 年以来主要中间品贸易出口的有力说明，表中第一行均是该

---

① 20 世纪 80 年代以前，NIEs 从日本进口资本品和中间品，在本国组成最终产品，再次出口到欧美国家，这种分工形式被称为"旧三角贸易"模式。

类商品的世界贸易总出口额及所占比重。

表 4.7　东亚地区各经济体办公、通讯设备出口额及所占比重（1990—2008 年）

单位：百万美元

	1990 年	2000 年	2006 年	2007 年	2008 年	2000 年	2008 年
世界	298551.00	968714.37	1456071.30	1519459.42	1561383.52	15.43	9.93
中国	3126.00	43498.00	287316.30	347797.85	382213.18	17.45	26.76
中国香港	12886.48	50066.23	124673.42	136410.92	146576.68	24.70	39.59
印度尼西亚	124.25	7279.78	6063.00	5290.69	5799.88	11.13	4.16
日本	67031.55	108179.38	99490.08	103194.82	103264.10	22.57	13.20
韩国	14338.84	58685.50	83670.93	92680.45	88070.00	34.07	20.87
马来西亚	8207.04	52381.97	67874.32	68399.83	67695.31	53.33	33.93
菲律宾	1835.00	25137.78	25862.02	28560.45	25650.99	63.19	52.32
新加坡	19234.55	73820.39	118022.73	120334.17	120994.41	53.57	35.78
泰国	3520.38	18653.26	29353.97	32103.46	32544.39	27.01	18.30

数据来源：作者根据 WTO 2010 年贸易统计报告行业数据整理。

　　由表 4.7 数据得知，在 2000 年和 2008 年时，世界办公、通讯设备出口总额占总商品贸易出口额的 15.43% 和 9.93%，呈现出总体下降的趋势。而东亚地区除了印度尼西亚的该类产品出口比重小于世界比重以外，其他各经济体均高出世界份额。这也印证了我们在上文中分析的中国、中国香港地区对该类产品出口的较大幅度的增长，而菲律宾、泰国、马来西亚都表现出在 2000 年以后占据了该类产品出口的较大世界比重。

表 4.8　东亚地区各经济体电信设备出口额及所占比重（1990—2008 年）

单位：百万美元

	1990 年	2000 年	2006 年	2007 年	2008 年	2000 年	2008 年
世界	—	288248	545898	559040	596248	4.6	3.8
中国	2623	19508	123613	146261	161856	7.8	11.3
中国香港	6806	19618	46210	54719	58931	9.7	15.9
印度尼西亚	4669	19078	46103	53707	57806	10.6	16.4
日本	28809	30516	33633	33700	34168	6.4	4.4
韩国	6273	14364	37300	40234	45133	8.3	10.7
马来西亚	3209	12965	14383	13190	13856	13.2	6.9
菲律宾	599	1267	942	997	1062	3.2	2.2
新加坡	6355	8266	17968	17709	15579	6.0	4.6
泰国	1057	4007	6386	6256	6734	5.8	3.8

数据来源：作者根据 WTO 2010 年贸易统计报告行业数据整理。

对于表 4.8 中电信设备的出口统计数据，世界出口比重在 2000 年和 2008 年时分别是 4.6% 和 3.8%。而东亚地区表现出整体高于世界比重的特征，除了菲律宾一个国家的数据稍低于世界比重以外，其他经济体均高于这一比重，其中印度尼西亚和马来西亚这两个国家对电信设备出口的比重即达到世界份额的两倍之多，而中国和中国香港地区在该类产品的出口上同样呈现出大幅度的增长态势。

表 4.9　东亚地区各经济体汽车配件出口额及所占比重（1990—2008 年）

单位：百万美元

	1990 年	2000 年	2006 年	2007 年	2008 年	2000 年	2008 年
世界	318959	577153	1022506	1202669	1233545	9.2	7.8
中国	258	1581	14410	23028	28666	0.6	2.0

续表

	1990 年	2000 年	2006 年	2007 年	2008 年	2000 年	2008 年
中国香港	354	764	1290	1459	1760	0.4	0.5
印度尼西亚	22	369	1590	2150	2783	0.6	2.0
日本	66195	88082	139161	158762	171012	18.4	21.9
韩国	2301	15194	43059	49484	48842	8.8	11.6
马来西亚	121	307	920	1122	1154	0.3	0.6
菲律宾	23	583	1543	1782	2196	1.5	4.5
新加坡	348	678	2396	2864	3399	0.5	1.0
泰国	108	2417	9891	12669	16227	3.5	9.1

数据来源：作者根据 WTO 2010 年贸易统计报告行业数据整理。

　　至于东亚地区在汽车零部件的总体出口方面则呈现出整体上的相对劣势，由表4.9数据来看，2000 年和2008 年该类产品的世界出口比重分别是9.2%和7.8%，东亚地区高出世界比重的仅有一个国家日本[①]。而韩国在2000 年时还低于世界比重0.4个百分点，但是在新三角贸易模式下，韩国逐渐承接了部分高技术附加值的商品加工和生产，在2008 年时，韩国的汽车零部件出口额有所增长并超过世界比重近4个百分点。而东亚地区的其他国家和经济体例如泰国（2008 年已超过世界比重）、菲律宾、中国和印度尼西亚在汽车零部件的出口上都呈现出缓慢增长的态势。

[①]　由于美国和亚洲市场的汽车零部件需求大多来源于日本，早在2000 年时日本的汽车零部件出口额即达到3.5亿日元。

表 4.10　　　　　　　东亚地区各经济体电子数据处理

设备出口额及所占比重（1990—2008 年）　　单位：百万美元

	1990 年	2000 年	2006 年	2007 年	2008 年	2000 年	2008 年
世界	—	372015	519331	547715	548199	5.9	3.5
中国	375	18638	134494	165866	176784	7.5	12.4
中国香港	3518	16402	40583	34722	37067	8.1	10.0
印度尼西亚	1	3041	2461	1798	1781	4.6	1.3
日本	24832	35209	24131	24876	24488	7.3	3.1
韩国	2702	19633	17884	19710	14748	11.4	3.5
马来西亚	676	20689	27982	27119	26778	21.1	13.4
菲律宾	180	7208	8178	10209	9016	18.1	18.4
新加坡	9205	31118	32195	32305	32858	22.6	9.7
泰国	1562	8769	14658	16610	17600	12.7	9.9

数据来源：作者根据 WTO 2010 年贸易统计报告行业数据整理。

表 4.10 是关于东亚地区各经济体的电子数据处理设备出口数据统计，除了印度尼西亚一个国家以低于世界比重 1.3% 和 2.2% 以外，其他经济体均近似于或高于世界整体比重，在该类产品的出口方面呈现出较大优势的是新加坡、菲律宾和马来西亚，这也正是上文中所论证的东盟经济体开始逐渐参与到工业产品的贸易体系构建中，形成了"新三角贸易"模式。

表 4.11　东亚地区各经济体集成电路出口额及所占比重（1990—2008 年）

单位：百万美元

	1990 年	2000 年	2006 年	2007 年	2008 年	2000 年	2008 年
世界	—	308451	390843	412705	416936	4.9	2.7
中国	128	5352	29209	35671	43573	2.1	3.1
中国香港	2562	14046	37881	46969	50579	6.9	13.7

续表

	1990 年	2000 年	2006 年	2007 年	2008 年	2000 年	2008 年
印度尼西亚	18	739	704	791	828	1.1	0.6
日本	13391	42454	41725	44619	44608	8.9	5.7
韩国	5364	24688	28486	32736	28189	14.3	6.7
马来西亚	4321	18729	25509	28091	27060	19.1	13.6
菲律宾	1053	16663	16743	17355	15573	41.9	31.8
新加坡	3675	34436	67861	70320	72557	25.0	21.5
泰国	901	5877	8311	9238	8210	8.5	4.6

数据来源：作者根据 WTO 2010 年贸易统计报告行业数据整理。

最后是关于东亚区域内各经济体集成电路产品出口的统计分析，中国和印度尼西亚这两个国家在该类产品出口方面呈现出较大的劣势，而 ASEAN 经济体中的菲律宾和泰国在集成电路出口中占据了世界总出口比重的一半以上。值得一提的是，中国和中国香港地区在这一期间内均呈现出正向增长的发展趋势，而其他地区都体现出微小的下滑。

第五章 东亚区域生产网络下的
贸易价值增值研究

——区域内贸易价值增值度测算

前文对东亚区域商品贸易发展现状进行了宏观层面的分析，接下来将在本书的第五章、第六章中结合东亚国际投入—产出模型对区域内各国的贸易价值增值（Trade – Value added）度进行测算。利用该指标既能够客观、准确地衡量出东亚区域各国从事中间品贸易（Middle – Product Trade）活动时各国的参与度与贡献程度（即各国在商品贸易交换过程中出口最终产品所包含的进口中间投入品含量以及本国中间投入品含量），又能够从产业层面反映出各国在贸易结构调整过程中的真实贸易所得。

本章首先结合 2000① 年东亚国际投入产出表（AIIO 2000）数据对区域内各国出口产品的价值增值流向进行追踪分析，分别以国家和产业两个不同层面的数据进行测算，从而得出区域生产网络构建之初的商品贸易结构特征。

在第六章中，笔者将对 2000 年东亚国际投入产出数据进行

---

① 这里对 AIIO 数据进行说明：该表的编制工作在时间上存在一定的滞后性，2006 年对外发布的是 2000 年数据，而 2009 年编制出的 2005 年数据始终没有对外公布，下文中将对 AIIO 数据库做详细介绍。

加工升级，结合区域内各国最终产品贸易流向数据，将原有的（2000 AIIO）数据升级至 2005 年，并在此基础上对区域内各国的贸易——产业关联度进行分析测算。

第一节　本章所采用的数据及计算方法

一、传统的最终产品贸易统计数据分析方法局限性

第一，正如本书第一章、第二章所述，由于全球生产分散化、片段化程度越来越高，同一商品的生产流程中集合来自不同国家的多个中间投入产品，并且部分中间投入品可能会作为一国的最终产品出口到第三国市场作为其出口最终商品的中间投入品，甚至类似的现象会交叉出现在多国之间。如果各国都将出口的中间品投入按最终产品计算在商品出口份额中，那么会出现多次重复计算的现象，导致贸易统计极大误差。而东亚地区，恰恰是一个基于中间品贸易、零部件商品贸易高速度发展形成的区域生产网络，如果以传统方式去衡量各产业产品的贸易进出口结构变化将会导致较大误差。

第二，正如国际学者 Hummels，Ishii 和 Yi（HIY），Koopman 以及 Zhi Wang 等所提到的，新的国际生产分工方式需要我们将中间投入品从最终产品中剥离出来，并对中间投入品进行规范分类，方便大家对商品贸易进行分类计算。

第三，由于商品生产过程中价值链上的各生产环节都会产生不同程度的价值增值，那么对一个国家或地区的贸易结构进行分

析时，需要对最终商品贸易的国别构成进行分解，也就是说要计算本国价值增值、本国含量/国外含量，或者本国垂直分工度①。

二、测算分散化生产贸易（Fragmented Trade）新方法：投入产出模型

（一）使用投入产出模型的优势

自20世纪末开始，国际经济学者们纷纷将目光转向研究国际中间品贸易发展，其中部分学者历史性地提出结合国际投入产出模型的方法，该方法以其数据的精准度和客观性得到了国际贸易学家们的认可，其优势有以下几方面（见表5.1）：

表5.1　　　　　　　　　非竞争型投入产出模型②

产出 / 投入			中间使用		最终使用					国内总产出或进口
			国内生产1，2，…，n	中间使用合计	消费	资本形成总额	出口	其他	最终使用合计	
中间投入	国内产品中间投入	1，…，n	X_{ij}^D		F^{DC}	F^{D1}	F^{DE}		F^D	X
	进口品中间投入	1，…，n	X_{ij}^M		F^{MC}	F^{M1}			F^M	X^M
	中间投入合计									
最初投入	固定资产折旧、劳动者报酬、税金、利润		V							
	增加值合计									
总投入			X^T							

注：右上标D代表国内产品，M代表进口品，T表示矩阵转置，DC表示国内产品用于国内消费，MC则表示进口产品用于国内消费，依次类推；X_{ij}^D和X_{ij}^M分别表示第j部门生产过程中对第i部门国内产品和进口品的中间消耗量；F^D和F^M分别表示国内产品和进口品的最终使用列向量；X^M为进口品量的列向量。

---

① HIY将其称为垂直分工度，即VS；Koopman等学者将其称为本国含量，即Domestic Content。
② 参见Lawrence J. Lau，非竞争型投入占用产出模型及其应用——中美贸易顺差透视，2007。文章中详细介绍了竞争性投入产出模型、非竞争性投入产出模型的区别。

（1）该表不仅能够提供一国内部的各产业间中间品与最终消费品的产品构成，还能提供各国间不同产品的产品交叉构成情况。

（2）该表能够直观地提供每个国家内部各产业的价值增值情况。

（3）各学者还能够从表中获得每个国家的总体产出水平。

因此，总体来说，国际投入产出模型不仅能从产业层面提供各国、各地区之间的商品贸易流向数据，还能够清楚地体现出中间产品及最终产品的去向和利用情况。

（二）该方法的现有使用情况

HIY（1999，2001）首次提出计算一国垂直分工度①的新方法，他们认为一国参与到国际生产网络中最有力的表现就是考察这个国家参与垂直分工的程度，一般有两种方式能表现出一国的垂直分工度：一是该国能够利用从别国市场进口的中间投入品去生产本国出口的最终产品；二是该国能够出口本国的中间产品去他国市场，由进口国将其作为中间投入品并生产最终产品出口到第三方市场。

HIY 在计算垂直分工度时分别提出 VS & VS1 两个不同的测算指标②。VS③是一国出口产品中的进口商品价值；而 VS1④则是一国出口的中间品作为进口国中间投入品并经过生产加工后出口到

---

①　这里所涉及的垂直分工度（Degree of Vertical Specialization）主要是指一国在参与国际分散化生产中其出口商品总量中包含的国外价值成分。

②　关于 VS 与 VS1 的概念对比及使用区别请参见以下两篇文章：OECD Working Paper，"VERTICAL SPECIALISATION AND GLOBAL VALUE CHAINS"，2009 和 Juillet，"WHO PRODUCES FOR WHOM IN THE WORLD ECONOMY？"，2009。

③　HIY，2001.

④　HIY，1999.

第三方市场的价值，该值是一个间接衡量指标。由定义来看，VS1要比 VS 难以计算，因为它涉及三个国家的交叉进出口。

由于 HIY 是首次尝试利用投入产出数据计算各国的中间品贸易价值增值问题，因此在方法上难免存在一些缺陷[①]：一是他们假设在出口商品中运用的进口投入品与在生产提供给本国最终消费时的消费品所需的进口投入品比例是相同的。二是他们在计算过程中假设所有进口中间品的国外含量都是相同的，也就是说如果进口的中间投入品已经在别国进行进口加工，那么只按最后一次的国别价值增值进行计算。由于这两个假设条件的存在，因此他们的测算方式对东亚地区尤其是以中国为代表的以加工出口为主要出口方式的国家是不可行的。

之后 Chen，Cheng，Fung 和 Lau（2001，2004）提出"直接和间接效应"（直接效应即是每单位用于出口的产出中包含的直接价值增值和劳动力需求，间接效应即是用于生产出口的产出中所包含的本国中间品投入中的价值增值和劳动力需求），其具体指标和测算结果参见表5.2。

在美国国家研究委员会发布的报告"分析进口产品的美国含量以及出口产品的国外含量"中，其中关于测算指标如下：美国出口产品的国外含量几乎可以用测算进口的中间品投入使用以及本国产的中间品投入使用情况来替代分析。

Lau（2007）在《非竞争性投入产出表及其运用——中美贸易剩余的测算》一文中证明了本国价值增长的总和加上国外价值增值等于一国出口总量。Koopman，Wang 和 Wei（2008）在文献

---

① 本节的方法介绍中将对 HIY 方法的局限性加以方程语言说明。

《中国出口中的多少真正来自中国?》中提出：测算一个国家出口总额中的本国含量是非常有必要的，因为用于最终出口产品的进口中间品投入含量越来越多了，特别是中国这样的加工贸易大国。

关于运用现有的投入—产出模型法对此课题进行研究的主要成果，笔者对其进行了梳理和对比，将该领域的主要学者、测算分散贸易或贸易价值增值的各种新指标，数据来源，以及测算结果收入在表 5.2 中，其中部分结果由于内容篇幅过大，这里仅列出测算结果的出处。

表 5.2　　　　　　　　　分散化贸易测算指标 & 结果对比

主要研究	I－O 表类型 & 数据来源	测算方法、指标	研究结果
HIY 2001	非竞争性 I－O 表 & OECD 10 +4 国家部门分类数据	总出口的 VS 指标：VSS $\sum_i \left[\left(\frac{X_{ki}}{X_k} \right) \left(\frac{VS_{ki}}{X_{ki}} \right) \right] = uA^M [I - A^D]^{-1} X/X_k$	VS 比重占总出口的 21%，1970 年到 1990 年间 VS 增长率为 30%
CCFL 2001& 2005	非竞争性与竞争性 I－O 表的结合 &1995 中国官方 I－O 数据（33 个部门）	本国价值增值及劳动力使用在本国出口中的增加：$X^D = [I - A^{DD}]^{-1} (F^D + A^{DP} F^P)$ $M = A^{MD} [I - A^{DD}]^{-1} (F^D + A^{DP} F^P) + A^{MP} F^P + F^M$	中国出口中的直接价值增值／总价值增值与美国该比值的比为 0.19/0.48；中国出口中的直接价值增值／总价值增值与全球的比重为 0.24/0.545
US. National Research Council 2006	非竞争性 I－O 表	出口中嵌入的直接和间接进口：$SM (I + SD + SD^2 + SD^3 + \cdots) x = SM (I - SD)^{-1} x$	具体测算结果请参见报告"分析进口产品的美国含量以及出口产品的国外含量"中表 2－10
Lau 2007	分裂的 I－O 表 & 投入占用产出表 & 中国、美国 2002 年官方 I－O 数据	出口价值增值：$B_V = u - B_M$ $B_V = A_V (I - A^D)^{-1}$ $B_M = b_{ij}^M = a_{ij}^M + \sum_{k=1}^{n} b_{ik}^M a_{ki}^D$	具体测算结果见："非竞争性投入产出表及其运用——中美贸易剩余的测算"文中表 5

续表

主要研究	I-O 表类型 & 数据来源	测算方法、指标	研究结果
DFW 2007 & 2008	非分裂、分裂 I-O 表 with 1997/2002 年中国官方 I-O 数据 & UNBEC 数据	来自国外进口的中间品投入分配测算，指标出口中的 VSS $$VSS = uA^{MD}[I - A^{DD}]^{-1}X^N + u(A^{MD}(I - A^{DD})^{-1}A^{DD} + A^{MD})X^P/X_K$$	充分证明东亚区域生产网络是对中国的供给关系，结果表明：中国总出口的国外含量在 2002 年介于 25% ~ 46%
KWW 2008	分裂的 I-O 表 & 2002 中国官方 I-O 数据	出口中的本国和国外含量 具体指标：$TVSS = uA^{MD}(I - A^{DD})^{-1}[(E - E^P)/te] + u(A^{MD}(1 - A^{DD})^{-1}A^{DP} + A^{MP})(E^P/te)$；$TDVS = A_V^D(I - A^{DD})^{-1}[(E - E^P)/te] + [A_V^D(1 - A^{DD})^{-1}A^{DP} + A_V^P](E^P/te)$	中国总出口的国外含量几乎接近 50%，该结果是利用 HIY 指标计算结果的两倍
DRS 2009	GTAP I-O 表：66 地区，55 部分 1997/ 2001/ 2004	价值增值贸易：衡量指标：$VS, VS1, VS^※$ $$VA = P - diag(P)G'i$$ $$VA = (I - G)^{-1}FD - diag((I - G)^{-1}FD)G'I$$	具体结果参见 Guillaume Daudin 等（2009）"世界经济中谁为谁生产"文中的表 1，表 2，表 3 和表 4 该文献主要提供了产业层、地区层面、国家层面的测算对比

资料来源：笔者根据不同文献的总结梳理。

（三）本文计算方法的修正[①]

由于上文中提出的 HIY 的 VS 与 VS1 方法上存在局限性，故对东亚地区的分散化生产贸易进行价值增值测算时需要对该指标加

---

① 本文所采用的方法主要参照美国国际贸易委员会（United States International Trade Commission）对贸易增加值的测度指标。

以改良、修正和拓展，下面对具体方法进行阐述：分别对两国、三国、多国情况进行说明。

1. 两国情况下的贸易价值增值计算

假设只存在两个国家（本国和外国），每个国家生产 N 种差别但可贸易商品，这些商品既能提供给本国消费者直接消费，同时也用于中间品投入，出口到国外。这里需要对矩阵中的部分向量加以说明：

X^r 记为国家 r 的 N×1 总产出向量。

Y^r 记为 r 国 N×1 最终需求向量，这里既包含本国最终消费，也包括从 r 国出口到国外，供别国的消费。

A_{sr} 记为 N×N 投入产出系数矩阵，表示 s 国的商品生产中使用的来自 r 国的中间品投入。

B_{sr} 记为 N×N 里昂惕夫逆矩阵[①]，该矩阵又被称为"完全消耗系数矩阵"，表示国家 r 的每单位最终消费品增长中所需要生产国 s 的总产出量。

E^{sr} 记为 N×1 出口向量，从 s 国出口到 r 国（包括中间品和最终品的出口）。

那么，两国时的生产和贸易关联在投入—产出表中可以被描述为下面的矩阵关系：

$$\begin{bmatrix} X^1 \\ X^2 \end{bmatrix} = \begin{bmatrix} I - A_{11} & -A_{12} \\ -A_{A21} & I - A_{22} \end{bmatrix}^{-1} \begin{bmatrix} Y^1 \\ Y^2 \end{bmatrix} = \begin{bmatrix} B_{11} & B_{12} \\ B_{21} & B_{22} \end{bmatrix} \begin{bmatrix} Y^1 \\ Y^2 \end{bmatrix} \tag{1}$$

---

① $(I-A)^{-1}$ 为里昂惕夫逆矩阵，其中 I 为单位矩阵，A 为直接消耗系数矩阵，矩阵元素 a_{ij} 表示 x_{ij}/x_j 的比率。而完全消耗系数矩阵为：$B=(I-A)^{-1}-I$，完全消耗系数矩阵中的元素 b_{ij} 表示 j 产业部门最终产品价值每增加一个单位，对 i 产业部门产品的直接消耗和间接消耗总和。

对一国最终商品和中间品进行区分，得到下面的矩阵关系：

$$\begin{bmatrix} X^1 \\ X^2 \end{bmatrix} = \begin{bmatrix} A_{11}X^1 + Y^{11} + E^{12} \\ A_{22}X^2 + Y^{22} + E^{21} \end{bmatrix} \tag{2}$$

这里，可以直接计算出 E^{sr}，即

$$\begin{bmatrix} E^{12} \\ E^{21} \end{bmatrix} = \begin{bmatrix} A_{12}X^2 + Y^{12} \\ A_{21}X^1 + Y^{21} \end{bmatrix} = \begin{bmatrix} A_{12}(x^{21} + x^{22}) + Y^{12} \\ A_{21}(x^{12} + x^{12}) + Y^{21} \end{bmatrix}$$

方程（2）是对每个国家的总产出和总出口进行了分解，它表明每个国家的总出口由三个部分组成（以国家1为例）：

①国外消费的最终产品 Y^{12}。

②生产供国外消费的最终产品时所用的中间投入品 $A_{12}x^{22}$。

③供国外生产最终产品后再次运回本国消费的产品生产的中间投入品 $A_{12}x^{21}$。

对上述矩阵等式进行运算推导，以求解出 $B_{11}B_{12}B_{21}B_{22}$，过程如下：

根据矩阵可逆性，有：

$$\begin{bmatrix} I - A_{11} & -A_{12} \\ -A_{21} & I - A_{22} \end{bmatrix}\begin{bmatrix} B_{11} & B_{12} \\ B_{21} & B_{22} \end{bmatrix} = \begin{bmatrix} B_{11} & B_{12} \\ B_{21} & B_{22} \end{bmatrix}\begin{bmatrix} I - A_{11} & -A_{12} \\ -A_{21} & I - A_{22} \end{bmatrix}\begin{bmatrix} I & 0 \\ 0 & I \end{bmatrix}$$

由此等式可以得出：

$$(I - A_{11})B_{11} - A_{12}B_{21} = I \tag{2.1}$$

$$(I - A_{11})B_{12} - A_{12}B_{22} = 0 \tag{2.2}$$

$$(I - A_{22})B_{21} - A_{21}B_{11} = 0 \tag{2.3}$$

$$(I - A_{22})B_{22} - A_{21}B_{12} = I \tag{2.4}$$

代入等式（2.1）、等式（2.4）可得：

$$B_{12} = (I - A_{11})^{-1} A_{12} B_{22} \qquad (2.5)$$

$$B_{21} = (I - A_{22})^{-1} A_{21} B_{11} \qquad (2.6)$$

$$B_{11} = (I - A_{11} - A_{12}(I_2 - A_{22})^{-1} A_{21})^{-1} \qquad (2.7)$$

$$B_{22} = (I - A_{22} - A_{21}(I_1 - A_{11})^{-1} A_{12})^{-1} \qquad (2.8)$$

再次运用矩阵可逆性，可以获得：

$$B_{11}(I - A_{11}) - B_{12} A_{21} = I \qquad (2.1a)$$

$$B_{21}(I - A_{11}) - B_{22} A_{21} = 0 \qquad (2.2a)$$

$$B_{12}(I - A_{22}) - B_{11} A_{12} = 0 \qquad (2.3a)$$

$$B_{22}(I - A_{22}) - B_{21} A_{12} = I \qquad (2.4a)$$

从等式（2.2a）、等式（2.3a）得出：

$$B_{12} = B_{11} A_{12} (I - A_{22})^{-1} \qquad (2.5a)$$

$$B_{21} = B_{22} A_{21} (I - A_{11})^{-1} \qquad (2.6a)$$

经过等式代入计算，最终得出：

$$B_{12} = (I_1 - A_{11})^{-1} A_{12} B_{22} = B_{11} A_{12} (I - A_{22})^{-1} \qquad (2.9)$$

$$B_{21} = (I_2 - A_{22})^{-1} A_{21} B_{11} = B_{22} A_{21} (I - A_{11})^{-1} \qquad (2.10)$$

到此，可得出 B_{11}，B_{12}，B_{21}，B_{22}，这里对其进行重新编号，方便下文使用：

$$B_{11} = ((I - A_{11}) - A_{12}(I - A_{22})^{-1} A_{21})^{-1} \qquad (3)$$

$$B_{22} = ((I - A_{22}) - A_{21}(I - A_{11})^{-1} A_{12})^{-1} \qquad (4)$$

$$B_{12} = (I_1 - A_{11})^{-1} A_{12} B_{22} = B_{11} A_{12} (I - A_{22})^{-1} \qquad (5)$$

$$B_{21} = (I_2 - A_{22})^{-1} A_{21} B_{11} = B_{22} A_{21} (I - A_{11})^{-1} \qquad (6)$$

此时，需要对价值增量进行定义，将 V_s 定义为 $1 \times N$ 阶直接价值增值系数向量，V_s 中的每个元素都等于单位 E 减去各国的中间投入品系数，即总产出中直接价值增值比重。基于投入—产出系数矩阵，得出：

$$V_1 = (u - uA_{11} - uA_{21}) \text{ 以及 } V_2 = (u - uA_{12} - uA_{22}) \quad (7)$$

这个等式足以定义生产网络中各国的垂直分工度（此时 VAS 是一个 $2 \times 2N$ 矩阵）：

$$VAS = \begin{bmatrix} V_1 B_{11} & V_1 B_{12} \\ V_2 B_{21} & V_2 B_{22} \end{bmatrix} \begin{bmatrix} E^{12} & 0 \\ 0 & E^{21} \end{bmatrix} = \begin{bmatrix} V_1 B_{11} E^{12} & V_1 B_{12} E^{21} \\ V_2 B_{21} E^{12} & V_2 B_{22} E^{21} \end{bmatrix} \quad (8)$$

VAS 矩阵中的对角线元素定义了每个国家每一单位出口品中所含的本国价值增值，非对角线元素则是每个国家单位产品出口中的国外价值增加值。

对 VAS 的每列进行加总，得出：

$$V_1 B_{11} + V_2 B_{21} = V_1 B_{12} + V_2 B_{22} = u \quad (9)$$

$$V_1 B_{11} + V_2 B_{21} = (I - A_{11} - A_{21}) B_{11}$$
$$+ (I - A_{12} - A_{22})(I - A_{22})^{-1} A_{21} B_{11}$$
$$= (I - A_{11} - A_{21})(I - A_{11} - A_{12}(I - A_{22})^{-1} A_{21})^{-1}$$
$$+ (A_{21} - A_{12}(I - A_{22})^{-1} A_{21})((I - A_{11})$$
$$- A_{12}(I - A_{22})^{-1} A_{21})^{-1}$$
$$= (A_{21} + I - A_{11} - A_{21} - A_{12}(I - A_{22})^{-1} A_{21})^{-1})((I - A_{11})$$
$$- A_{12}(I - A_{22})^{-1} A_{21})^{-1} = u$$

因此，本国总出口可以分解成本国价值增值 DV 和国外价值增值 VS 两个部分，有如下表示：

$$DV = V_1 B_{11} E^{12} = V_1((I - A_{11}) - A_{12}(I - A_{22})^{-1} A_{21})^1 E^{12} \quad (10)$$

$$VS = (A_{21} - A_{12}(1 - A_{22})^{-1} A_{21})((I - A_{11}) - A_{12}(I - A_{22})^{-1} A_{21})^{-1} E^{12}$$

$$(11)$$

这里，对 HIY[①]（2001）计算出的 VS 和 DV 做一个简单的对比，分别记为 VS^{HIY} 以及 DV^{HIY}。

$$VS^{HIY} = \begin{bmatrix} uA_{21}(I-A_{11})^{-1} \\ uA_{12}(I-A_{22})^{-1} \end{bmatrix} \begin{bmatrix} E^{12} & 0 \\ 0 & E^{21} \end{bmatrix} = \begin{bmatrix} uA_{21}(I-A_{11})^{-1}E^{12} \\ uA_{12}(I-A_{22})^{-1}E^{21} \end{bmatrix}$$

（12）

$$DV^{HIY} = \begin{bmatrix} V_1(I-A_{11})^{-1} \\ V_2(I-A_{22})^{-1} \end{bmatrix} \begin{bmatrix} E^{12} & 0 \\ 0 & E^{21} \end{bmatrix} = \begin{bmatrix} V_1(I-A_{11})^{-1}E^{12} \\ V_2(I-A_{22})^{-1}E^{21} \end{bmatrix}$$ （13）

将方程（11）与方程（12）、方程（10）与方程（13）进行对比可以看出，HIY 在计算贸易的价值增值时，只有当 $A_{21}=0$ 及 $A_{12}=0$ 才能得出想要的结果。这就意味着，只能允许一个国家的中间品出口到他国，并且被他国用在生产加工过程中时才能得出出口产品的价值增加值。如果出现三个国家，或者多国间同时进出口中间品，就无法准确计算该结果。这也正是本文在计算东亚区域生产网络下多国情况时需要对该方法加以修正的原因。

在现实贸易活动中，通常两个国家（本国、外国）同时出口中间产品，因此，本国出口产品的总价值增值必须能够考虑到本国出口至国外供其生产最终产品后，再次返回本国供本国消费的中间品价值增值，那么方程（10）中的一部分正好对该情况做出修正：

$$A_{12}(I-A_{22})^{-1}A_{21}$$

（14）

这一项与 HIY 计算国外 VS 过程中的 $A_{12}(I-A_{22})^{-1}$ 相对应，表示国外出口品中的进口含量，这里再乘以 A_{21} 表示本国生产中所

---

① 由于本文并不采用此方法，故具体推导过程请参见 HIY，2001。

用的国外中间投入品的直接系数矩阵，这是对上述情况的修正。

本章开始时也提到 HIY 的 VS1 这个概念，由于该情况比较复杂，HIY 并未以 VS1 的方法进行计算，但是本文基于 VAS 方程，可以描述出两国情况下 VS1 的计算方法：

$$VS1 = V_1 B_{12} E^{21} = V_1 B_{11} A_{12} (I - A_{22})^{-1} E^{21}$$

$$= V_1 ((I - A_{11}) - A_{12} (I - A_{22})^{-1} A_{12} (I - A_{22})^{-1} E^{21}$$

$$(15)$$

方程（15）主要由两部分组成：第一，$V_1 ((I - A_{11}) - A_{12} (I - A_{22})^{-1}$ 是本国出口品中本国价值增值成分，即是方程（10）所表示的 VAS。第二，$A_{12} (I - A_{22})^{-1} E^{21}$ 是国外出口品中嵌入的本国中间品成分，或者说是外国的进口成分。

2. 三国情况下的计算

上一节中，对两国情况下本国出口品的国外价值增值以及国外出口商品中的进口品价值增值做了详细说明。本节将在两国分析基础上拓展到三个国家。

首先从投入产出表数据中呈现出的基本产出关系开始：

$$\begin{bmatrix} X^1 \\ X^2 \\ X^3 \end{bmatrix} = \begin{bmatrix} I - A_{11} & -A_{12} & -A_{13} \\ -A_{21} & I - A_{22} & -A_{23} \\ -A_{31} & -A_{32} & I - A_{33} \end{bmatrix}^{-1} \begin{bmatrix} Y_1 \\ Y_2 \\ Y_3 \end{bmatrix} = (I - A)^{-1} Y \quad (16)$$

$$\begin{bmatrix} X^1 \\ X^2 \\ X^3 \end{bmatrix} = \begin{bmatrix} A_{11} X^1 + Y^{11} + E^1 \\ A_{22} X^2 + Y^{22} + E^2 \\ A_{33} X^3 + Y^{33} + E^3 \end{bmatrix} \quad (17)$$

此时的单位矩阵 E 可以表述成为

$$\begin{bmatrix} E^1 \\ E^2 \\ E^3 \end{bmatrix} = \begin{bmatrix} E^{12} + E^{13} \\ E^{21} + E^{23} \\ E^{32} + E^{33} \end{bmatrix} = \begin{bmatrix} A_{12}X^2 + Y^{12} + A_{13}X^3 + Y^{13} \\ A_{21}X^1 + Y^{21} + A_{23}X^3 + Y^{23} \\ A_{31}X^1 + Y^{31} + A_{32}X^2 + Y^{32} \end{bmatrix}$$

方程（16）、方程（17）与方程（1）、方程（2）的主要区别就是多增加了一个维度，现在每个国家的出口需要被分解成两个不同的维度，之前的逆矩阵转变成为

$$\begin{bmatrix} I - A_{11} & -A_{12} & -A_{13} \\ -A_{21} & I - A_{22} & -A_{23} \\ -A_{31} & -A_{32} & I - A_{33} \end{bmatrix}^{-1} = (I - A)^{-1} = \begin{bmatrix} B_{11} & B_{12} & B_{13} \\ B_{21} & B_{22} & B_{23} \\ B_{31} & B_{32} & B_{33} \end{bmatrix}$$

(18)

此时，仍然假设有 N 个不同产业，参与国家变成 3 个，其 VAS 的计算推导过程如下，同样利用矩阵的可逆性：

$$(I - A_{11})B_{11} - A_{12}B_{21} - A_{13}B_{31} = I \tag{3.1}$$

$$-A_{21}B_{11} + (I - A_{22})B_{21} - A_{23}B_{31} = 0 \tag{3.2}$$

$$-A_{31}B_{11} - A_{32}B_{21} + (I - A_{33})B_{31} = 0 \tag{3.3}$$

$$(I - A_{11})B_{12} - A_{12}B_{22} - A_{13}B_{32} = 0 \tag{3.4}$$

$$-A_{21}B_{12} + (I - A_{22})B_{22} - A_{23}B_{32} = I \tag{3.5}$$

$$-A_{31}B_{12} - A_{32}B_{22} + (I - A_{33})B_{32} = 0 \tag{3.6}$$

$$(I - A_{11})B_{13} - A_{12}B_{23} - A_{13}B_{33} = 0 \tag{3.7}$$

$$-A_{21}B_{13} + (I - A_{22})B_{23} - A_{23}B_{33} = 0 \tag{3.8}$$

$$-A_{31}B_{13} - A_{32}B_{23} + (I - A_{33})B_{33} = I \tag{3.9}$$

从（3.2）和（3.3）两个方程可以得出矩阵的非对角线元素：

$$B_{21} = (I - A_{22})^{-1}(A_{21}B_{11} + A_{23}B_{31}) \tag{3.10}$$

$$B_{31} = (I - A_{33})^{-1}(A_{31}B_{11} + A_{32}B_{21}) \qquad (3.11)$$

从方程（3.7）、方程（3.8）可推导出：

$$B_{12} = (I - A_{11})^{-1}(A_{12}B_{22} + A_{13}B_{22}) \qquad (3.12)$$

$$B_{32} = (I - A_{33})^{-1}(A_{32}B_{22} + A_{31}B_{12}) \qquad (3.13)$$

$$B_{13} = (I - A_{11})^{-1}(A_{13}B_{33} + A_{12}B_{23}) \qquad (3.14)$$

$$B_{23} = (I - A_{22})^{-1}(A_{23}B_{33} + A_{21}B_{13}) \qquad (3.15)$$

与两国情况下的对角线区域和非对角线区域相比，三个国家的情况较为复杂：

$$B_{21} = \left[I - A_{22} - A_{23}(I - A_{33})^{-1}A_{32}\right]^{-1}\left[A_{21} + A_{23}(I - A_{33})^{-1}A_{31}\right]B_{11}$$
$$(3.16)$$

$$B_{31} = \left[I - A_{33} - A_{32}(I - A_{22})^{-1}A_{23}\right]^{-1}\left[A_{31} + A_{32}(I - A_{22})^{-1}A_{21}\right]B_{11}$$
$$(3.17)$$

$$B_{12} = \left[I - A_{11} - A_{13}(I - A_{33})^{-1}A_{31}\right]^{-1}\left[A_{12} + A_{13}(I - A_{33})^{-1}A_{31}\right]B_{22}$$
$$(3.18)$$

$$B_{32} = \left[I - A_{33} - A_{31}(I - A_{11})^{-1}A_{31}\right]^{-1}\left[A_{32} + A_{31}(I - A_{11})^{-1}A_{12}\right]B_{22}$$
$$(3.19)$$

$$B_{13} = \left[I - A_{11} - A_{12}(I - A_{22})^{-1}A_{21}\right]^{-1}\left[A_{13} + A_{12}(I - A_{22})^{-1}A_{23}\right]B_{33}$$
$$(3.20)$$

$$B_{23} = \left[I - A_{22} - A_{21}(I - A_{33})^{-1}A_{12}\right]^{-1}\left[A_{23} + A_{21}(I - A_{11})^{-1}A_{13}\right]B_{13}$$
$$(3.21)$$

将方程（3.1）、方程（3.5）、方程（3.9）代入以上方程，可以得出：

$$B_{11} = \{I - A_{11} - A_{12}[I - A_{22} - A_{23}(I - A_{33})^{-1}A_{32}]^{-1}$$

$$[A_{21} + A_{23}(I - A_{33})^{-1}A_{31}]$$

$$- A_{13}[I - A_{33} - A_{32}(I - A_{22})^{-1}A_{23}]^{-1}$$

$$[A_{31} + A_{32}(I - A_{22})^{-1}A_{21}]\}^{-1}$$

$$(3.22)$$

$$B_{22} = \{I - A_{22} - A_{21}[I - A_{11} - A_{13}(I - A_{33})^{-1}A_{31}]^{-1}$$

$$[A_{12} + A_{13}(I - A_{33})^{-1}A_{31}]$$

$$- A_{23}[I - A_{33} - A_{31}(I - A_{11})^{-1}A_{13}]^{-1}$$

$$[A_{32} + A_{31}(I - A_{11})^{-1}A_{12}]\}^{-1}$$

$$(3.23)$$

$$B_{33} = \{I - A_{33} - A_{31}[I - A_{11} - A_{12}(I - A_{22})^{-1}A_{21}]^{-1}$$

$$[A_{13} + A_{12}(I - A_{22})^{-1}A_{23}]$$

$$- A_{32}[I - A_{22} - A_{21}(I - A_{11})^{-1}A_{12}]^{-1}$$

$$[A_{23} + A_{21}(I - A_{11})^{-1}A_{13}]\}^{-1}$$

$$(3.24)$$

与两国情况相似，同样可得：

$$B_{11}(I - A_{11}) - B_{12}A_{21} - B_{13}A_{31} = I \qquad (3.1a)$$

$$B_{21}(I - A_{11}) - B_{22}A_{21} - B_{23}A_{31} = 0 \qquad (3.2a)$$

$$B_{31}(I - A_{11}) - B_{32}A_{21} - B_{33}A_{31} = 0 \qquad (3.3a)$$

$$- B_{11}A_{12} + B_{12}(I - A_{22}) - B_{13}A_{32} = 0 \qquad (3.4a)$$

$$- B_{21}A_{12} + B_{22}(I - A_{22}) - B_{23}A_{32} = I \qquad (3.5a)$$

$$- B_{31}A_{12} + B_{32}(I - A_{22}) - B_{33}A_{32} = 0 \qquad (3.6a)$$

$$- B_{11}A_{13} - B_{12}A_{23} + B_{13}(I - A_{33}) = 0 \qquad (3.7a)$$

$$- B_{21}A_{13} - B_{22}A_{23} + B_{23}(I - A_{33}) = 0 \qquad (3.8a)$$

$$- B_{31}A_{13} - B_{32}A_{23} + B_{33}(I - A_{33}) = I \qquad (3.9a)$$

从方程（3.2a）和方程（3.3a）即可得到非对角线区域的向量表达式：

$$B_{21} = (B_{22}A_{21} + B_{23}A_{31})(I - A_{11})^{-1} \qquad (3.10a)$$

$$B_{31} = (B_{32}A_{21} + B_{33}A_{31})(I - A_{11})^{-1} \qquad (3.11a)$$

由方程（3.4a）和方程（3.6a）可以得到：

$$B_{12} = (B_{11}A_{12} + B_{13}A_{32})(I - A_{22})^{-1} \qquad (3.12a)$$

$$B_{32} = (B_{31}A_{12} + B_{33}A_{32})(I - A_{22})^{-1} \qquad (3.13a)$$

由方程（3.7a）、方程（3.8a）可以得出：

$$B_{13} = (B_{11}A_{13} + B_{12}A_{23})(I - A_{33})^{-1} \qquad (3.14a)$$

$$B_{23} = (B_{21}A_{13} + B_{22}A_{23})(I - A_{33})^{-1} \qquad (3.15a)$$

此时可以求解出其余所有的向量表达式：

$$B_{21} = B_{22}[A_{21} + A_{23}(I - A_{33})^{-1}A_{31}][I - A_{11} - A_{13}(I - A_{33})^{-1}A_{31}]^{-1}$$
$$(3.16a)$$

$$B_{31} = B_{33}[A_{31} + A_{32}(I - A_{22})^{-1}A_{21}][I - A_{11} - A_{13}(I - A_{22})^{-1}A_{21}]^{-1}$$
$$(3.17a)$$

$$B_{12} = B_{11}[A_{12} + A_{13}(I - A_{33})^{-1}A_{32}][I - A_{22} - A_{23}(I - A_{33})^{-1}A_{32}]^{-1}$$
$$(3.18a)$$

$$B_{32} = B_{33}[A_{32} + A_{31}(I - A_{11})^{-1}A_{12}][I - A_{22} - A_{21}(I - A_{11})^{-1}A_{12}]^{-1}$$
$$(3.19a)$$

$$B_{13} = B_{11}[A_{13} + A_{12}(I - A_{22})^{-1}A_{23}][I - A_{33} - A_{32}(I - A_{22})^{-1}A_{23}]^{-1}$$
$$(3.20a)$$

$$B_{23} = B_{22}[A_{23} + A_{21}(I - A_{11})^{-1}A_{13}][I - A_{33} - A_{31}(I - A_{11})^{-1}A_{13}]^{-1}$$

$$(3.21a)$$

至此，已经求解出计算 VAS 所需要的各元素：B_{11}，B_{12}，B_{13}，B_{21}，B_{22}，B_{23}，B_{31}，B_{32}，B_{33}。

$$VAS = \begin{bmatrix} V_1 B_{11} & V_1 B_{12} & V_1 B_{13} \\ V_2 B_{21} & V_2 B_{22} & V_2 B_{23} \\ V_3 B_{31} & V_3 B_{32} & V_3 B_{33} \end{bmatrix}$$

这里的 V_s 是一个 $1 \times N$ 阶矩阵，表示生产国家的直接价值增值系数向量，B_{sr} 是一个 $N \times N$ 阶矩阵，$V_s B_{sr}$ 是一个 $1 \times N$ 的行向量，因此 VAS 是一个 $3 \times 3N$ 阶矩阵，这里矩阵中元素代表的经济意义与两国情况一样。对角线区域上的元素是每个国家单位出口品中本国价值增值的份额。非对角线区域中的列元素提供信息是每个国家在生产链中所提供的净价值增值贡献度比重，该区域中每列元素之和是一国单位出口品中所包含的国外价值增值，即 VS。非对角线区域中每行元素之和提供的信息是一个国家出口的价值增值，体现在第三国出口品中的中间品投入，即 VS1。

下面以矩阵中第一行、第一列为例说明在三个国家情况下，生产链中所嵌入的国外价值增值比重：

VAS 矩阵中第一个对角线区域的元素是：

$$V_1 B_{11} = V_1 \{(I - A_{11}) - A_{12}[(I - A_{22}) - A_{23}(I - A_{33})^{-1}A_{32}]^{-1}$$

$$[A_{21} + A_{23}(I - A_{33})^{-1}A_{31}] - A_{13}[(I - A_{33}) - A_{32}(I - A_{22})^{-1}A_{23}]^{-1}$$

$$[A_{31} + A_{32}(I - A_{22})^{-1}A_{21}]\}^{-1} \qquad (19)$$

此时的 $V_1 = (u - A_{11} - A_{21} - A_{31})$，对比方程（19）和方程（10），可以看出三个国家的情况远比两国时要复杂，所有的中间投入品出口均涉及第三国。具体分析如下：若要度量国家 1 总出口品中本国价值增值的比重，那么出口到国家 2 和国家 3 的中间投入品都要计算进去。国家 1 的中间品可能被国家 2、3 进口以后进行加工再次返回国家 1，或者进一步出口到国家 3。与方程（10）相比，三国情况下 $A_{23}(I-A_{33})^{-1}A_{32}$ 则是对原有的 $(I-A_{22})$ 做出的调整，而 $A_{23}(I-A_{33})^{-1}A_{31}$ 则是对 A_{21} 的近似调整。以此类比，可以得出国家 2 在国家 1 和国家 3 以及国家 3 在国家 1 和国家 2 时的情况。

　　VAS 矩阵中剩下的元素可以通过向量表示成下面的形式：

$$V_1B_{12} = V_1B_{11}\left[A_{12} + A_{13}(I-A_{33})^{-1}A_{32}\right]$$
$$\left[(I-A_{22}) - A_{23}(I-A_{33})^{-1}A_{32}\right]^{-1} \qquad (20)$$

$$V_1B_{13} = V_1B_{11}\left[A_{13} + A_{12}(I-A_{22})^{-1}A_{23}\right]$$
$$\left[(I-A_{33}) - A_{32}(I-A_{22})^{-1}A_{32}\right]^{-1} \qquad (21)$$

$$V_2B_{21} = V_2\left[(I-A_{22}) - A_{23}(I-A_{33})^{-1}A_{32}\right]^{-1}$$
$$\left[A_{21} + A_{23}(I-A_{33})^{-1}A_{31}\right]B_{11} \qquad (22)$$

$$V_3B_{31} = V_3\left[(I-A_{33}) - A_{32}(I-A_{22})^{-1}A_{23}\right]^{-1}$$
$$\left[A_{31} + A_{32}(I-A_{22})^{-1}A_{21}\right]B_{11} \qquad (23)$$

　　将方程（20）、方程（21）与方程（15）进行对比，方程（22）、方程（23）与方程（11）进行对比，由于第三个国家的出现导致的调整项是 $A_{13}(I-A_{33})^{-1}A_{32}$ 和 $A_{23}(I-_{33})^{-1}A_{32}$，对应于上一部分两国情况的（14）项，此时可得出：

$$V_1B_{11} + V_2B_{21} + V_3B_{31} = V_1B_{12} + V_2B_{22} + V_3B_{32}$$
$$= V_1B_{13} + V_2B_{23} + V_3B_{33} = u \qquad (24)$$

因此，三个国家情况下国家 1 出口品中总的本国价值增加值 D_v 即是：

$$D_V = V_1 B_{11} E^1 \tag{25}$$

这包括国家 1 直接出口到国家 2、国家 3 的含有价值增值的出口品，也包括间接通过国家 2、国家 3 出口品中的价值增值，国家 1 的本国出口品中国外价值增值体现在：

$$VS^1 = V_2 B_{21} E^1 + V_3 B_{31} E^1 \tag{26}$$

通过第三个国家的间接的本国价值增值的出口品是：

$$VS1^1 = V_1 B_{12} E^2 + V_1 B_{13} E^3 \tag{27}$$

对 VAS 矩阵乘以一国不同的出口额度可以得到不同的指标，可以乘以一国的总出口商品额，也可以乘以出口到指定国家或目的地的商品额，这样既可以得到总价值增值，也可以得到间接价值增值。对 VAS 乘以总出口水平，得出：

$$VAS\ E = \begin{bmatrix} V_1 B_{11} E^1 & V_1 B_{12} E^2 & V_1 B_{13} E^3 \\ V_2 B_{21} E^1 & V_2 B_{22} E^2 & V_2 B_{23} E^3 \\ V_3 B_{31} E^1 & V_3 B_{32} E^2 & V_3 B_{33} E^3 \end{bmatrix} \tag{28}$$

这里的 E 矩阵此时表达为一个 $3N \times 3$ 阶矩阵，对于国家 2、国家 3 可以用同样的方法。

$$E = \begin{bmatrix} E^1 & 0 & 0 \\ 0 & E^2 & 0 \\ 0 & 0 & E^3 \end{bmatrix} = \begin{bmatrix} E^{12} + E^{13} & 0 & 0 \\ 0 & E^{21} + E^{23} & 0 \\ 0 & 0 & E^{31} + E^{32} \end{bmatrix}$$

3. 多国情况下的贸易增值计算

计算区域生产网络中各国的中间投入品使用份额时，一般是需要将该模型拓展到多个国家。尤其是在东亚区域内，比如日本既进口中国的中间投入品也进口 ASEAN 地区的中间品，经加工后可能再次返回这些国家进行再加工。所以上文中两国、三国模型都是为了构建多国模型而搭建的。

在多国情形下，假设有 G 个国家，每个国家仍然有 N 个不同产业，假设每一个国家都能使用其他国家的任一部门中间投入品。

这里首先对国际投入产出表中的各元素给予标记：

x_i^r：国家 r 产业 i 的总产出水平。v_i^r：国家 r 产业 i 的直接价值增值。

z_{ij}^{sr}：国家 s 生产的商品 i 被用于国家 r 的 j 部门中间投入品。

y_{ik}^{sr}：国家 s 商品 i 投入到国家 r 的 k 部门最终消费。总的最终消费记为 H，下面两个方程等式表达了国际投入产出表中每行（i，r）和每列（j，s）的关系：

$$\sum_{s=1}^{G} \sum_{j=1}^{N} z_{ij}^{sr} + \sum_{s=1}^{G} \sum_{k=1}^{H} y_{ik}^{sr} = x_i^r \qquad (29)$$

$$\sum_{r=1}^{G} \sum_{i=1}^{N} z_{ij}^{rs} + v_j^s = x_j^s \qquad (30)$$

这两个方程的直接经济意义即是：方程（29）中任意一行描述的是国家 i 商品 i 的总产出等于分配给本国和他国的中间品使用和最终品使用之和，方程（30）则是定义了国家 s 商品 j 总产出的价值等于来自本国和国外的中间品和最初品的价值之和。

$a_{ij}^{rr} = z_{ij}^{rr}/x_j^{rr}$ 国家 r 的本国直接投入系数 $a_{ij}^{sr} = z_{ij}^{rr}/x_j^{rr}$ $S \neq r$ 用于生产国家 r，j 部门的来自 s 国 i 产品的中间品投入产出系数。$av_j^s = v_j^s/x_j^s$ 对于每个生产国 s，j 部门的直接价值增值与产出的比率。此时方程（29）、方程（30）可被改写为：

$$\begin{bmatrix} X^1 \\ \vdots \\ X^G \end{bmatrix} = \begin{bmatrix} I-A_{11} & \cdots & -A_{1G} \\ \vdots & I-A_{ss} & \vdots \\ -A_{G1} & \cdots & I-A_{GG} \end{bmatrix}^{-1} \begin{bmatrix} Y^1 \\ \vdots \\ Y^G \end{bmatrix} = (I-A)^{-1}Y \quad (31)$$

这里 A 是一个 $NG \times NG$ 阶矩阵，矩阵中每个元素又是一个 $N \times N$ 阶的子矩阵，它不仅表示一国国内产业间的投入产出系数，也表示各国各产业的交叉投入产出情况。

再看矩阵 B 中各元素 $B_{sr} = [b_{ji}^{sr}]$ 的经济意义，s、r 均代表商品来源国和目的国，i、j 表示各产业的使用和供给，再看 V_s，$V_s = [av_1^s \quad \cdots \quad av_j^s \quad \cdots \quad av_n^s]$，是一个 $1 \times GN$ 阶向量，表示直接的价值增值。由此可以得出国际生产网络中衡量价值增值的指标 VAS，此时它是一个 $G \times GN$ 阶矩阵：

$$VAS = \begin{bmatrix} V_1B_{11} & \cdots & V_1B_{1G} \\ \vdots & V_sB_{ss} & \vdots \\ V_GB_{G1} & \cdots & V_GB_{GG} \end{bmatrix} = [vas_i^{sr}] \left[\sum_{j=1}^{N} av_j^s b_{ji}^{sr} \right] \quad (32)$$

该矩阵中每个元素的经济意义同三个国家时的情况类似，不同的是拓展到了多个国家，这里不再重复。

多国情况下本国价值增值的比重是：

$$DV^S \text{ 比重} = \frac{V_sB_{ss}E^s}{uE^s} = \frac{vas_i^{ss}e_i^s}{\sum_{i=1}^{N} e_i^s} = \frac{\sum_{i=1}^{N}\sum_{j=1}^{N} av_j^s b_{ji}^{ss} e_s^s}{\sum_{i=1}^{N} e_i^s} \quad (33)$$

该值是由矩阵 VAS 中的对角线元素除以来源国出口商品构成 $e_i^s = \sum_{s \neq r}^{G} e_i^{sr}$。

此时 VAS 对角线元素即体现了国家 r 在第二、三、四等各部门的总产出中所包含的本国中间投入品，又体现出嵌入到本国出口到第三国的中间品价值增加值。

在来源国的总出口品中嵌入的国外价值增值比重是：

$$
VS^s \text{ 比重} = \frac{\sum\limits_{s \neq r}^{G} V_s B_{sr} E^s}{uE^s} = \frac{\sum\limits_{s \neq r}^{G} vas^{sr} e_i^{sr}}{\sum\limits_{s \neq r}^{G} \sum\limits_{i=1}^{N} e_i^{sr}} = \frac{\sum\limits_{s \neq r}^{G} \sum\limits_{i=1}^{N} \sum\limits_{j=1}^{N} av_j^s b_{ji}^{sr} e_i^{sr}}{\sum\limits_{s \neq r}^{G} \sum\limits_{i=1}^{N} e_i^{sr}} \tag{34}
$$

该值是由矩阵 VAS 中非对角线元素的列向量总和除以中间品出口国的出口结构而得。非对角线元素中的每列代表着中间品出口国 s 进口的中间投入品，用于生产出口至 r 国的最终产品之前各环节所投入的中间品总和。该值在被修正以后还包含了对国家 s 直接出口到国家 r 的国外价值增值的每个来源国的分解情况。

而对于出口国 s 的总出口中所包含的间接价值增值成分则变成等式（35），该值是由矩阵 VAS 中非对角线元素行量之和除以每个国家的出口结构而得。

$$
VS1 \text{ 比重} = \frac{\sum\limits_{r \neq s}^{G} V_s B_{sr} E^r}{uE^s} = \frac{\sum\limits_{r \neq s}^{G} vas^{sy} e_i^{sr}}{\sum\limits_{r \neq s}^{G} \sum\limits_{i=1}^{N} e_i^{sr}} = \frac{\sum\limits_{r \neq s}^{G} \sum\limits_{i=1}^{N} \sum\limits_{j=1}^{N} av_j^s b_{ji}^{sr} e_i^{sr}}{\sum\limits_{s \neq r}^{G} \sum\limits_{j=1}^{N} e_i^{sr}}
$$

$$\tag{35}$$

三、本章使用的数据——东亚国际投入产出表（AIIO）

东亚国际投入—产出表（Asian Internatioanl Input – Output Table）是由日本亚洲经济研究所（Institute of Development Econo-mies，IDE）和日本贸易振兴会（Japan External Trade Organization，JETRO）两个经济研究所合力编制的东亚地区多国、多部门投入—产出数据。截止到目前，该投入产出表的发行历经了1990 年、1995 年、2000 年、2005 年[①]四个历史时期的不同版本。

本文为何要选择 AIIO 表作为目标数据？

（1）东亚国际产出表所覆盖的国家范围符合本文的研究需要，它包括以下 10 个经济体：中国、中国台湾[②]、韩国、日本、印度尼西亚、马来西亚、菲律宾、新加坡、泰国和美国。

（2）该投入产出表是一个典型的区域型投入产出表，它将东亚地区内部各国之间的中间品和最终品的进出口流向全部涵盖其中。

（3）该投入产出表所发行的数据较为权威，已经过世界其他经济机构和该领域学者的认同[③]。除此之外，该表数据对一国产业部门划分比较细致，主要分为七大部类的 76 个部门（参见附录1）。表中基本要素的基本构成请参见图 5.1（附录 2）。

---

① AIIO2005 版数据尚未对外公开。

② 由于 AIIO 表中统计的数据除中国大陆地区以外只有台湾地区数据，因此下面的测算包含的是中国大陆地区和台湾地区，没有中国香港地区的数据。

③ IMF2010 年亚太区年度报告使用该数据，美国国际贸易委员会以及 OECD 组织均在近期研究中使用该数据研究东亚区域生产网络及东亚新贸易模式。

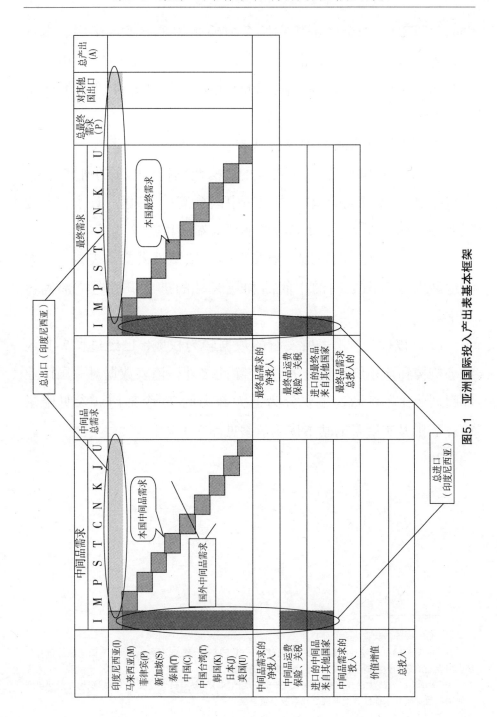

图5.1　亚洲国际投入产出表基本框架

本章主要运用 1990 年和 2000 年的东亚国际产出表数据进行对比分析，分别测算出东亚区域生产网络形成初期与目前发展状态下的分散化生产贸易价值增值情况。

第二节　东亚地区各国商品贸易价值增值定量分析

基于上文中模型计算方法与数据使用介绍，本节将根据东亚地区 1990 年和 2000 年的国际投入产出数据，测算出该地区各国、各主要产业部门的贸易价值增值并对其数据结论进行比较分析。在此基础上考察东亚区域生产网络构建初期前 10 年中，各国主要产业部门在国际产业价值链中的表现力，以及由此带来的东亚地区贸易结构调整。

由于该方法的计算量庞大复杂，故下文中将依据计算结果对东亚地区中间品贸易发展贡献度较大的主要产业进行介绍。因此，以下分析主要集中考察这样几类产品的贸易增值结构：加工制造业总类，电子产品类、机械产品类、机动车辆产品类。

在本节的数据分析中，东亚地区出口目标市场选择为美国，一是由于对美加工制造品贸易流量较大，二是由于美国的数据容易收集。

本节主要考察指标为：

1. 按东亚地区国别进行分类的各国出口贸易的价值增值率。

2. 东亚区域总体产品出口中的本国与外国价值增值率。

3. 按国别分类的各国进出口份额中来自国外的价值增值追踪指标。

4. 东亚地区内部各国间主要部门产品的双向贸易分解价值增值率。

一、东亚地区加工制造品贸易价值增值分析

1. 东亚地区整体加工制造品出口贸易增值分配情况

表5.3（a）中提供了东亚地区各国分别在1990年和2000年时出口到美国市场加工制造品中所包含的 A：中间品投入成分，B：本国价值增值成分，C：国外价值增值成分中的各项分解成分（这里包含来自其他所有国家、来自东亚本地区以及来自美国的三个贸易增值部分），D：间接的经亚洲其他国家的贸易增值成分。

表中第2列代表的是加工制造品总出口额，第3列是各国总体加工制品出口中所嵌入的中间品含量，由1990年和2000年的对比情况来看，区域内各国的中间品投入基本上都呈现上升趋势，此时只有中国例外（1990年的中间投入比例是40.4%，而2000年的比重下降到36.3%），由该指标看出中国在对中间品的需求上似乎有减弱趋势，但是当我们看到第5、6、7列数据时发现，中国来自国外的价值增值在上升，尤其值得一提的是，中国来自东亚其他国家的价值增值从1990年的4.3%上升到2000年的8.7%。由此可见，中国在参与东亚区域生产网络的程度越来越深。

再看表中第5列数据，2000年时的国外价值增值比重（来自所有国家）相对1990年有较大幅度增长，马来西亚、新加坡都已经超过50%，而菲律宾、泰国、中国台湾地区也近似达到50%。中国此时的比重要远低于区域内其他国家，但是也增长了5个百分点。对于该数据情况最为特殊的是日本，其国外增值率

只有不到 10%，这说明日本的最终产品中所包含的中间投入基本上都是来自本国国内，证明日本早在 1990 年时已经具备相当完善的产业结构。

表中第 6 列数据是东亚区域内各国之间对中间品的相互需求情况，它与第 8 列数据（经过东亚其他国家加工后又出口至美国市场的间接价值增值）直接表明了东亚区域生产网络背景下的贸易结构本质特征。将第 5、6、7 列数据进行 1990 年和 2000 年对比时发现：各国加工制造品出口中的外国价值增值成分中来自东亚地区的比重全部呈现上升趋势，且涨幅较高。而对于美国的国外价值增值依赖度虽有所上升，但涨幅较为微弱。这说明自 1990 年开始，东亚地区加工制造品出口贸易方面，对核心产品（中间投入品）的外部需求正在减弱，对内部需求逐渐增加。总体来说，东亚地区在加工制造品贸易结构上开始在区域内部进行优化调整，逐渐摆脱对欧美市场的中间品依赖。

表 5.3（a） 东亚地区总加工制造品出口至美国的价值增值分配

出口国家	对美国总出口额[①]	中间投入品占总出口比重	本国价值增值比重	国外价值增值比重			经亚洲其他国家出口的增加值
				来自所有国家	来自东亚其他国家	来自美国	
(1)	(2)	(3)	(4)	(5)	(6)	(7)	(8)
1990							
中国	6542	40.4	80.9	18.8	4.3	1.3	6.3
印度尼西亚	1424	36.7	74.8	22.1	7.7	2.4	40.2
日本	81919	34.3	90.6	8.5	1.4	1.6	7.7
韩国	16748	31.8	67.3	30.7	10.9	6.3	3.6
马来西亚	4142	50.1	53.8	46.8	19.3	5.9	22.9

续表

出口 国家	对美国 总出口额[①]	中间投入品 占总出口比重	本国价值 增值比重	国外价值增值比重			经亚洲其他 国家出口的 增加值
				来自 所有国家	来自东亚 其他国家	来自 美国	
(1)	(2)	(3)	(4)	(5)	(6)	(7)	(8)
菲律宾	1957	29.9	54.5	45.3	15.9	8.1	7.4
新加坡	8905	40.4	37.9	60.1	30.2	12.1	4.1
泰国	3830	31.0	55.9	43.1	16.2	7.3	7.3
中国台湾	21691	38.8	64.6	36.1	11.7	6.2	3.8
总和	147158	36.0	85.9	13.8	0.0	3.8	7.0
2000							
中国	60051	36.3	76.3	23.5	8.7	2.2	4.9
印度尼西亚	6154	39.2	75.1	24.3	8.2	2.1	22.3
日本	120118	43.9	90.2	9.5	2.6	1.7	10.8
韩国	35921	53.8	65.8	33.8	12.1	5.5	11.8
马来西亚	20541	51.9	35.5	64.7	29.4	11.7	9.1
菲律宾	9459	61.0	55.3	42.6	21.1	5.9	10.1
新加坡	15146	59.5	42.0	58.1	25.8	8.7	15.1
泰国	11821	50.7	55.1	43.1	20.8	6.0	10.9
中国台湾	32061	61.1	53.8	45.5	19.7	6.9	14.8
总和	311271	47.7	84.5	15.5	0.0	3.7	10.2

注：①此项单位为百万美元。

2. 东亚地区加工制造品贸易国别流向中的贸易增值分解情况

表5.3（b）提供的数据是对东亚地区加工制造品贸易结构进行国别流向的贸易增值分解，表中第2列至第9列数据分别从进口、出口两方面描述了东亚区域各国对美国市场加工制造品贸易分解情况（包括贸易总额和增值贸易两方面），而第10列至第13列数据则描述了区域内各国占据该地区整体贸易增值所达到的

比重。

由 2、3 列数据对比得知，东亚各国对美国加工制造品进口方面：总贸易额和增值贸易额这两项数据非常接近，除了日本、韩国和中国台湾地区以外，它们的总进口商品额度均超过了进口额中的增值贸易总和，其他国家则表现出近似相等的状况。这说明东亚区域整体对美国的中间品依赖程度虽然像上文中分析的增值幅度在减弱，但其总量比重非常大，从数据来看各国的增值贸易额几乎和直接进口贸易额相当，表明该地区在加工制造品贸易方面对美国的外部需求依赖程度很大，而且直接增值贸易额要高于间接增值贸易额。

表 5.3（b）　　　　东亚地区与美国加工制造品贸易流向分解

出口国家	从美国进口的①				出口到美国的				占区域总比重（%）			
	贸易	增值贸易			贸易	增值贸易			出口		进口	
	总额	总和	直接	间接	总额	总和	直接	间接	总和	VA	总和	VA
(1)	(2)	(3)	(4)	(5)	(6)	(7)	(8)	(9)	(10)	(11)	(12)	(13)
1990												
中国	4.5	4.4	4.1	0.4	7.1	5.9	5.3	0.4	4.4	4.7	6.9	7.3
印度尼西亚	1.3	1.4	1.2	0.2	1.4	1.7	1.1	0.6	1.1	1.4	2.1	2.3
日本	29.3	27.3	26.2	1.4	82.1	81	74	7.3	55.7	64.6	43.5	42.4
韩国	10.2	10.2	8.9	0.5	16.9	12	11	0.6	11.4	9.5	15.7	15
马来西亚	3.0	4.1	3.2	0.6	4.2	3.3	2	0.76	2.8	2.4	5.1	5.6
菲律宾	1.7	1.8	1.6	0.2	2.0	1.2	1.1	0.18	1.3	1	2.7	2.8
新加坡	6.0	6.2	5	0.6	9.1	4	4	0.4	6.1	3.1	8.6	8.9
泰国	2.5	2.7	2.2	0.5	4.4	2.4	2.1	0.28	2.6	1.9	3.8	4.2

续表

出口	从美国进口的①				出口到美国的				占区域总比重（%）			
	贸易	增值贸易			贸易	增值贸易			出口		进口	
国家	总额	总和	直接	间接	总额	总和	直接	间接	总和	VA	总和	VA
(1)	(2)	(3)	(4)	(5)	(6)	(7)	(8)	(9)	(10)	(11)	(12)	(13)
中国台湾	7.9	7.3	7.2	0.5	22.2	14	14.1	0.77	14.7	11.4	11.8	11.7
总和	66.1	64.3	59.4	5.2	147	126	115	11.3	100	100	100	100
2000												
中国	15	16.2	13.1	4.8	60.2	50.1	46	3	19.3	19.3	12.1	13.4
印度尼西亚	2.2	2.2	1.9	0.3	6.1	6	4.6	1.7	2	2.4	1.8	1.8
日本	41	38	34.3	5	120	124	108	17.1	38.6	48.3	32.7	31.5
韩国	20	18	17	2	36	26	22	4	11.5	10.3	16.2	15
马来西亚	10	10	8	2	21	10	7	2	6.6	3.7	8.1	8.6
菲律宾	4	4	3	0.7	9	5	4	0.8	3	2	3	3.1
新加坡	8.1	8.9	7.1	2	15	8	6	2	4.9	3.2	6.8	7.3
泰国	4.9	5	3.8	1.1	12	7	6	1.35	3.8	2.9	4.2	4.5
中国台湾	19	18	16	2	32	21	17	2	10.3	8	15.1	14.8
总和	124	122	103	18	311	257	222	36	100	100	100	100

注：①此项单位为10亿美元。

相反，从各国出口到美国的增值贸易来看：基本上都要比总进口额度少（日本和印度尼西亚是特例），这表明它们在出口到美国市场的加工制造品中嵌入了较多成分的来自国外的中间投入品。对于表中第5列和第9列数据，从美国进口的间接价值增值和出口到美国的间接价值增值都表现出自1990年至2000年这一时期的整体上升态势。

从表中第10至13列数据来看，这四个指标反映的是东亚各国加工制造品进口、出口及贸易增值在本区域整体中所占据的比重分配。从数据对比中发现，各国的出口总额比重和同向的价值增值比重基本相同，进口方面也是一样，这说明该期间东亚各国之间在加工制造品贸易方面的中间品需求和跨国交换程度还比较低，只有日本这一个国家在进口和出口方向的比重都比较高，而且其出口的价值增值贸易比重超过其出口总额，其他国家均相反，发展中国家只有中国显示出微弱的增长（从 4.4% 到 4.7%，19.3% 到 19.3%）。

二、东亚地区各类别产品的出口贸易价值增值分析

下面将东亚地区作为一个区域整体来分析其主要分类产品的本国和国外价值增值情况，这里再次说明本文所选取的主要部门是依据其对东亚地区的贡献度来衡量的，并没有对所有部门产品进行分析（参见表5.4）。

表5.4   东亚地区出口至美国的主要部门产品国外 & 本国价值增值

| 部门 | 年份 | 对美国总出口① | 占总出口中国际比重 | 本国价值增值比重 | 国外价值增值比重 | | | 经东亚地区 | |
					来自所有国家	来自美国	其他国家间接价值增值	东亚地区VS1占总VA比重（%）	占总加工制成品出口比重（%）
(1)	(2)	(3)	(4)	(5)	(6)	(7)	(8)	(9)	(10)
电子设备及相关产品	1990	47933	39.9	71.9	28.1	5.9	12.0	16.7	32.6
	2000	126855	57.4	59.4	40.6	6.8	17.6	29.6	40.8
机动车辆	1990	30250	14.5	91.6	8.4	1.3	1.5	1.7	20.6
	2000	47904	26.2	89.7	10.3	1.5	2.9	3.2	15.4

续表

部门	年份	对美国总出口①	占总出口中国际比重	本国价值增值比重	国外价值增值比重			经东亚地区	
					来自所有国家	来自美国	其他国家间接价值增值	东亚地区VS1占总VA比重（%）	占总加工制成品出口比重（%）
(1)	(2)	(3)	(4)	(5)	(6)	(7)	(8)	(9)	(10)
机械设备	1990	10686	36.1	84.9	15.1	2.1	4.3	5.1	7.3
	2000	20958	37.5	85.7	14.3	1.9	4.7	5.5	6.7
其他制造产品	1990	7781	13.9	76.9	23.1	3.1	5.8	7.6	5.3
	2000	13524	15.4	79.4	20.6	1.8	7.1	8.9	4.3
其他机电、机械产品	1990	4698	50.9	76.9	23.1	3.4	7.6	9.9	3.2
	2000	12698	44.2	76.9	23.1	2.4	8.0	10.4	4.1
服装产品	1990	5923	16.3	64.3	35.7	3.9	11.9	18.6	4.0
	2000	10555	7.6	72.2	27.8	2.0	12.3	17	3.4
金属产品	1990	5109	75.2	76.0	24.0	2.4	7.4	9.7	3.5
	2000	8949	61.4	77.4	22.6	1.4	7.9	10.2	2.9
精密仪器	1990	4886	32.2	84.0	16.0	2.9	4.8	5.7	3.3
	2000	8396	26.7	70.6	29.4	5.7	11.3	16.1	2.7
皮革、皮革制成品	1990	2246	4.1	65.5	34.5	8.7	7.2	11	1.5
	2000	5792	5.5	77.4	22.6	2.5	8.1	10.5	1.9
其他运输设备	1990	1857	36.3	78.9	21.1	5.3	6.5	8.3	1.3
	2000	5691	46.2	81.7	18.3	5.0	4.4	5.4	1.8

注：①此项单位为百万美元。

表5.4中数据第4列是东亚地区各部类最终产品占总产品出口中的比重，由上下两行数据对比发现，相对于1990年来说，2000年的电子及相关产品、机动车辆产品、机械类产品、皮革制

成品及其他运输设备产品均表现出增长趋势，其中涨幅较大的主要是电子类和机动车辆这两类产品的出口。相比之下，有较大幅度下降趋势的则是服装类产品，从 1990 年的 16.3% 下降到 2000 年的 7.6%，由此说明东亚地区的最终产品贸易结构在国际生产价值链上的地位正在进行优化调整，逐渐从劳动力密集程度较高的服装制成品出口向资本、技术密集度较高的机械、电子产品出口过渡。

总量分析并不能充分说明问题，这里需要结合该地区的本国价值增值（该值此时代表的应是本区域的价值增值）情况，主要部类的产品出口本国含量都表现出下降趋势，电子设备相关产品的下调幅度最大，从 1990 年的 71.9% 下降到 2000 年的 59.4%，同时下调的还有精密仪器类产品从 84% 下降到 70.6%。由该变化表明东亚地区这两大类最终产品的出口中所嵌入的国外成分有大幅度的增加，该地区在这两类产品的出口贸易方面已经逐渐融入到世界生产网络中，并且在全球价值链中的地位有所上升。

最后将第 9 列和第 10 列数据进行对比，这两列数据主要说明以上部门产品在东亚区域内贸易中的价值增值状况。在 VS1 与 VA 的比重上，除了服装类产品以外其他部类均表现出上升趋势，上升幅度较大的仍然是电子类和精密仪器类产品，这说明东亚地区内部在以上两类最终产品的生产加工流程中，对中间投入品在各国间的交换和需求程度逐渐增加。同时也说明该区域内的一体化生产程度和一体化贸易程度都在上升。

第三节　东亚区域内部各类产品的
贸易价值增值分解

经过对东亚地区各部门产品出口中的贸易增值情况进行分析，可以看出该地区在参与国际贸易分工体系进程中，参与程度较高的产品主要集中在电子及相关产品、机械产品以及机动车辆产品这三个类别。下面主要对这三类产品的贸易增加进行数据分析。

表 5.5（a）　　东亚地区电子类产品出口贸易的本国 & 国外价值增加值

出口国家	至美国总出口①	占总出口国际比重	本国价值增值	国外价值增值			经东亚地区其他国家的本国价值增值
				来自世界其他国家	来自东亚其他国家	来自美国	
(1)	(2)	(3)	(4)	(5)	(6)	(7)	(8)
1990							
中国	1424	20.4	75.3	24.2	6.3	1.4	6.4
印度尼西亚	20	48.3	62.1	38.0	15.4	3.6	—
日本	24262	36.7	90.4	8.7	1.8	2.2	15.5
韩国	4776	46.1	60.5	38.7	20.4	8.4	8.0
马来西亚	2892	53.9	50.9	49.2	19.3	7.5	16.2
菲律宾	553	63.1	49.2	50.9	27.5	12.4	28.9
新加坡	6603	37.4	37.6	61.9	31.4	13.5	3.6
泰国	1348	39.3	38.7	61.7	29.7	17.0	8.9
中国台湾	6057	43.1	51.0	49.0	21.8	9.7	6.1
总和	47933	39.8	83.5	16.2	0	5.9	12.0

续表

出口国家	至美国总出口①	占总出口国际比重	本国价值增值	国外价值增值			经东亚地区其他国家的本国价值增值
				来自世界其他国家	来自东亚其他国家	来自美国	
(1)	(2)	(3)	(4)	(5)	(6)	(7)	(8)
2000							
中国	14606	29.4	63.5	36.2	14.8	4.1	6.9
印度尼西亚	997	33.1	73.3	26.7	8.3	2.1	44.9
日本	36038	56.2	87.7	12.3	4.0	2.5	28.8
韩国	18421	67.8	54.9	45.1	18.0	10.0	17.6
马来西亚	15829	52.6	30.0	70.0	32.1	13.3	7.8
菲律宾	4676	93.9	33.2	66.6	30.1	13.4	10.4
新加坡	12864	62.6	36.3	62.7	29.4	9.7	15.5
泰国	5505	58.0	35.2	64.8	32.5	11.1	13.8
中国台湾	17918	65.9	45.8	54.0	25.6	8.0	15.3
总和	26855	57.8	77.2	23.0	0	6.8	17.8

注：①此项单位为百万美元。

1. 东亚各国电子类产品出口贸易价值增值分析

表5.5（a）与表5.5（b）分别提供了东亚各国电子类产品出口贸易的本国、外国价值增值数据以及各国在该类产品出口贸易方面的国外价值增值国别流向数据。表5.5（a）中第1列至第4列数据分别是东亚地区各国电子类产品出口至美国市场的总贸易额、占所有出口产品的总份额及本国的贸易价值增值情况。第5列至第7列数据是该类产品出口贸易中来自本国以外的贸易增值比重，而第8列数据则表示该类产品在对美国的出口贸易上经东亚区域内部其他国家转口生产的间接贸易增值比重。

从表中数据来看，电子类产品占各国总产品出口的比重除印度尼西亚以外全部呈上升状态，这说明东亚地区从1990年开始，其整体出口贸易结构已经出现向资本、技术密集型产品出口的过渡，其中涨幅较大的有菲律宾、新加坡、泰国、中国台湾地区，分别从63.1%、37.4%、39.3%、43.1%上升到93.9%、62.6%、58.0%、65.9%。而菲律宾在2000年时，该类产品的出口总额似占据该国所有出口额（高达94%）。而同期的中国在电子产品出口方面仅从1990年的20.4%上升到2000年的29.4%，增长幅度一般，且在总产品出口额中所占比重较小。这表明在1990—2000年，东亚地区的NIEs在出口贸易结构上已经呈现出较大程度的对美国市场电子类中间品需求依赖。而此时的中国等新兴发展中国家则刚刚开始承接由NIEs传递过来的电子类中间品的加工组装工作，因此在该类产品的对美出口贸易方面仅有20%~30%的比重。

再看各国的本国及国外价值增值情况。这里要对东亚各国进行分类讨论，从数据来看，新兴发展中经济体全部呈现出电子类产品出口贸易国外价值增值的上升趋势，中国、马来西亚、菲律宾、泰国都有较大程度的区域内国外价值增值成分。而对于来自美国的贸易增值状况也比较类似，日本、新加坡和中国台湾地区都显示出对美国价值增值的减弱性，这就说明：

①东亚区域内新兴发展中经济体在这一历史时期逐渐融入区域一体化生产进程。

②区域内各国间的生产依赖程度加强，对外部需求尤其是美国的电子类中间品需求有所减弱。但是，这与本地区的加工制造出口型贸易结构有极大的关联，各国在进口美国的核心中间品之后，经过简单的加工组装程序再次出口至美国。

③日本、新加坡显示出明显的国外价值增值递减，东盟经济

体与中国的电子类产品出口则融入了更多的外国价值增值成分。

表 5.5 （b）　　　　　东亚地区电子类产品出口贸易的
国外价值增值追踪 （2000 年）（%）

出口	中国	印度尼西亚	日本	韩国	马来西亚	中国台湾	菲律宾	新加坡	泰国	美国	中国香港	其他
(1)	(2)	(3)	(4)	(5)	(6)	(7)	(8)	(9)	(10)	(11)	(12)	(13)
中国	—	0.7	16.2	7.4	2.2	7.8	1.0	2.0	1.2	10.6	16.5	34.3
印度尼西亚	3.9	—	14.9	3.9	1.8	2.1	0.2	2.4	1.7	7.9	1.2	59.3
日本	5.4	2.5	—	7.4	3.5	8.7	2.1	2.2	1.4	20.9	4.2	42.1
韩国	4.0	0.9	24.7	—	2.5	4.0	1.2	2.1	0.8	22.9	5.2	32.0
马来西亚	3.2	1.6	21.3	4.0	—	4.4	1.6	7.2	2.5	19.0	5.2	29.9
中国台湾	3.2	1.2	28.3	6.5	2.7	—	1.9	2.8	1.3	14.9	4.0	33.2
菲律宾	1.5	0.6	27.9	5.7	1.8	3.1	—	3.4	1.3	20.1	5.7	29.0
新加坡	4.3	1.5	25.4	3.5	7.3	3.0	0.5	—	1.7	15.4	2.4	35.0
泰国	5.7	1.8	24.9	5.0	3.8	3.6	1.1	4.3	—	17.2	3.7	28.7
总和	13.5	1.5	34.2	8.1	5.2	7.1	0.7	4.8	2.1	6.8	2.6	13.5

最后，结合表 5.5 （b）对 2000 年东亚各国电子类产品对美国出口贸易中的国别价值增值分解情况进行说明。该数据主要提供了各国最终产品出口中嵌入的国外价值增值拆分，以此来追踪各国电子类产品出口贸易结构中的价值增值国别组合。

首先看表中第一行中国的数据，在对美国市场出口的电子产品中，来自外部贡献度最大的是中国香港地区和日本，比重分别高达 16.5% 和 16.2%，这说明在电子类产品出口中，中国的中间品投入主要依靠这两个来源地。而东亚地区的其他国家则无一例外地都表现出对日本和美国的中间品依赖。由此可见，在电子类产品出口中，由于其资本、技术密集程度较高，东亚地区整体依靠进口日本、美国的核心中间投入品，经本地区各国的加工制造程序再次出口至这两个国家。数据最终表明，东亚地区的电子类产品生产并未脱离日本、美国发达国家的价值链底端，虽然出口产品结构有所优化，但是最终产品中的核心投入品仍然依赖工业发达国家。

2. 东亚各国机械类产品出口贸易价值增值分析

表 5.6（a）与表 5.6（b）分别提供了东亚各国机械类产品出口贸易的本国、外国价值增值数据以及各国在该类产品出口贸易方面的国外价值增值国别流向数据。表中数据结构同表 5.4 完全相同，故不再说明。

表 5.6（a）　东亚地区机械类产品出口贸易的本国 & 国外价值增值

出口国家	至美国总出口[①]	占总出口国际比重	本国价值增值	国外价值增值			经东亚地区其他国家的本国价值增值
				来自世界其他国家	来自东亚其他国家	来自美国	
(1)	(2)	(3)	(4)	(5)	(6)	(7)	(8)
1990							
中国	342	60.9	89.1	10.9	2.7	1.2	8.9
印度尼西亚	1	0	39.6	60.4	6.8	0.9	–
日本	7187	36.2	92.7	7.3	1.2	1.1	4.3
韩国	272	43.1	72.8	26.5	9.8	4.7	13.2
马来西亚	83	68.7	67.8	32.2	13.1	2.9	47.8
菲律宾	17	39.9	68.3	32	12.9	6.2	50.8
新加坡	285	68.4	49.5	50.5	23.9	10.7	7.1

续表

出口国家	至美国总出口①	占总出口国际比重	本国价值增值	国外价值增值			经东亚地区其他国家的本国价值增值
				来自世界其他国家	来自东亚其他国家	来自美国	
(1)	(2)	(3)	(4)	(5)	(6)	(7)	(8)
泰国	56	76.5	60.6	39.4	16.4	2.3	49.2
中国台湾	2441	26.8	67.6	32.4	10.8	4.1	0.5
总和	10686	36.2	89.2	11.8	0	2.1	4.3
2000							
中国	2382	48.2	82.1	17.9	6.5	1.3	7.6
印度尼西亚	182	35.9	42.6	57.4	23.9	7.9	39.9
日本	14330	34.1	92.2	7.8	1.8	1.2	3.1
韩国	1321	49.7	74	26.4	8.4	3.5	9.9
马来西亚	402	45.5	60.1	39.9	16.9	4.9	13.1
菲律宾	51	29.9	55.2	44.8	19.4	2.4	26.7
新加坡	202	28.4	51.4	48.8	22.7	9	12.8
泰国	130	62.4	57.3	42.7	20.5	3.2	44
中国台湾	2012	37.9	60.9	39.1	16.4	5.1	3.9
总和	20958	37.2	90.5	9.5	0	1.9	4.7

注：①此项单位为百万美元。

结合表5.6（a）数据对东亚地区各国机械类产品出口贸易的价值增值成分进行分析。首先来看各国对美国机械产品出口总额及国外和本国价值增值成分的对比状态：

（1）在最终产品出口方面，东亚各国的机械产品出口总额呈现大幅度上升，该地区从1990年到2000年机械产品出口增值一倍。但就表中第2列数据（该类产品在总产品出口比重）来看，除印度尼西亚大幅增长以外，其他国家的该比重都表现出下滑或平稳发展状态，中国、马来西亚、新加坡、泰国的下降比重非常大，分别从 60.9%、68.7%、68.4%、76.5% 下降到 48.2%、45.5%、28.4%、62.4%。这就说明从 1990 年至 2000 年中国和东盟经济体对美国的总体商品出口额在急剧攀升，且总体出口贸易增长幅度要远大于机械类产品出口贸易。

（2）各国出口贸易的本国及国外价值增值情况。在国外价值增值中，来自东亚区域其他国家的贸易增值呈现出整体上升趋势，除韩国、新加坡这两个国家有较小幅度的下调以外，各国均表现出对东亚区域内部的中间品进口依赖，同时也说明东亚地区在机械类产品生产上呈现出较高的一体化程度。同比来自美国的价值增值则是普遍出现下降趋势，这表明在机械类产品的最终生产中，东亚各国已经开始逐渐摆脱对美国中间品的依赖。

表 5.6（b）　　　　　东亚地区机械类产品出口贸易的
国外价值增值追踪（2000 年）（%）

出口	中国	印度尼西亚	日本	韩国	马来西亚	中国台湾	菲律宾	新加坡	泰国	美国	中国香港	其他
(1)	(2)	(3)	(4)	(5)	(6)	(7)	(8)	(9)	(10)	(11)	(12)	(13)
中国	—	1.3	18.4	6.4	1.0	7.1	0.3	0.7	0.8	7.2	4.8	51.9
印度尼西亚	3.3	—	27.3	2.8	2.1	3.8	0.3	1.3	0.7	13.7	0.8	43.7
日本	7.0	3.7	—	3.9	1.9	3.2	0.7	0.8	1.6	15.9	1.8	59.4
韩国	4.3	1.5	23.2	—	0.9	1.1	0.3	0.6	0.4	13.5	1.5	52.4
马来西亚	3.4	2.2	22.9	3.5	—	3.8	0.4	4.5	1.8	12.4	2.2	42..9
中国台湾	5.0	1.4	29.3	2.8	1.1	—	0.6	1.0	0.9	13.0	2.1	43.2

续表

出口	中国	印度尼西亚	日本	韩国	马来西亚	中国台湾	菲律宾	新加坡	泰国	美国	中国香港	其他
(1)	(2)	(3)	(4)	(5)	(6)	(7)	(8)	(9)	(10)	(11)	(12)	(13)
菲律宾	3.1	4.6	19.3	5.3	3.7	4.6	—	1.6	1.1	5.6	1.6	49.6
新加坡	2.9	4.0	29.5	2.3	4.0	1.8	0.3	—	1.4	18.5	1.2	34.0
泰国	3.4	1.2	34.3	2.1	1.9	3.3	0.4	1.4	—	7.6	0.8	43.7
总和	8.2	0.7	68.7	4.2	1.2	6.2	0.2	0.7	0.4	1.9	0.3	7.3

其次来看各国机械产品出口贸易中嵌入的国外价值增值国别分解情况，同表5.5（b）数据一样，它表示了一国出口一单位机械类最终产品中所包含的其他各国价值增值成分组合（见表5.6（b））。从各国数据综合来看，对该类产品出口贸易贡献度最大的国家是日本，本地区所有国家统统表现出对日本较强的中间投入品依赖性，中国以18.4%的比重列最后一位，其他国家来自日本的价值增值均超过20个百分点，泰国、菲律宾、印度尼西亚对日本的中间品依赖近似达到30%。

由此可见，东亚地区的机械类产品生产价值链主要锁定在东亚区域内部，依靠日本提供的高附加值核心中间品，各国对其进行加工组装生产，然后出口到东亚区域以外，对该类产品的最终需求主要来自美国，但从1990年至2000年来看，美国市场对该类产品的进口需求正在缩小。

3. 东亚各国机动车辆类产品出口贸易价值增值分析

表5.7（a）与图5.7（b）分别提供了东亚各国机动车辆类产品出口贸易的本国、外国价值增值数据以及各国在该类产品出口贸易方面的国外价值增值国别流向数据。表中数据结构与表5.6

（a）与表5.6（b）相同。

表5.7（a）　东亚地区机动车辆类产品的出口贸易本国 & 国外价值增值

出口国家	至美国总出口①	占总出口国际比重	本国价值增值	国外价值增值			经东亚地区其他国家的本国价值增值
				来自世界其他国家	来自东亚其他国家	来自美国	
(1)	(2)	(3)	(4)	(5)	(6)	(7)	(8)
1990							
中国	14	86.1	84.5	15.5	4.5	1.3	—
印度尼西亚	1	71.5	72.5	27.5	15.3	1.1	—
日本	28511	13.8	92.3	7.7	1.2	1.3	0.4
韩国	1356	13.5	78.2	21.8	8.8	3.5	3.7
马来西亚	4	94.8	57.1	42.9	30.2	1.3	—
菲律宾	14	93.9	62.9	36.7	27.9	1.6	—
新加坡	16	87.1	44.8	55.3	27.6	8	440.2
泰国	12	93.7	54.8	45.4	27.9	2.9	—
中国台湾	320	80.2	69.9	30.2	9.7	5.1	56.3
总和	30.250	14.6	93.1	6.9	0	1.3	1.7
2000							
中国	1401	65.6	81	19	7.1	1.2	42.9
印度尼西亚	80	94.6	79.4	20.6	9.6	1.3	—
日本	40116	24.5	92.1	7.9	2	1.2	0.9
韩国	4954	12.6	75.7	24.7	8.2	3.1	1.9
马来西亚	37	89.8	57.8	42.2	24.6	3.4	—
菲律宾	363	95.2	53.8	46.2	22.3	3	148.4
新加坡	1	93.8	49.2	50.8	19	5.2	—
泰国	281	95	53.2	46.7	27.7	3	843.5
中国台湾	672	79.6	70.2	28.9	13.4	2.5	65.4
总和	47.904	26.4	92.6	7.4	0	1.6	2.9

注：①此项单位为百万美元。

首先结合表5.7（a）所提供数据，对东亚各国机动车辆类产品出口的总体情况和其出口贸易中的价值增值进行分析：

（1）美国机动车辆类产品出口贸易总额方面，从1990年至2000年，东亚区域整体有近50%的涨幅。区域内各国也一致呈现出大规模增长①，从动态对比来看，中国的总体出口贸易涨幅最大，从1990年的14（百万美元）上升到2000年的1401（百万美元）。可见中国在对美国的出口贸易结构方面已经开始摆脱依靠纯手工制品出口的状态。从该类产品对美出口贸易总量来看，日本从1990年开始就已经是区域内机动车辆类产品出口的领导国，区域内90%的出口都来自日本。至2000年，日本在机动车辆类产品的出口方面依然表现良好，10年间出口贸易总额涨幅达到近50%。

（2）对美国市场出口的依赖程度。除中国对美国出口的该类产品国际比重上有下滑（86.1%到65.6%）外，其他国家仅有微弱上升。这说明美国对东亚地区的机动车辆类产品需求主要依赖日本。

（3）出口贸易的价值增值分析。表中数据说明该类产品出口贸易的增值成分主要是东亚区域各国内部，日本的本国贸易增值成分高达92%。这说明由于机动车辆类产品的生产特殊性②，来自国外的核心中间品进口比重较低。

———————

① 在1990年时，东亚地区除日本以外的其他国家几乎没有对美出口该类产品，地区中90%的机动车辆类出口都来自日本。因此，各国在该类产品的出口上基数较小。

② 各国在对机动类产品的技术保护方面都进行严格控制，1990年至2000年，东亚各国除日本以外并没有掌握生产该类产品的领先技术，因此在核心的中间品投入方面几乎没有国外进口成分。

表 5.7（b）　　　　　东亚地区机动车类产品的
出口贸易国外价值增值追踪（2000 年）（%）

出口	中国	印度尼西亚	日本	韩国	马来西亚	中国台湾	菲律宾	新加坡	泰国	美国	中国香港	其他
（1）	（2）	（3）	（4）	（5）	（6）	（7）	（8）	（9）	（10）	（11）	（12）	（13）
中国	—	1.2	23.1	5.4	0.8	5.5	0.2	0.5	0.7	6.4	3.1	52.9
印度尼西亚	3.3	—	33.7	2.5	1.6	2.1	0.3	1.1	1.9	6.1	0.5	47.0
日本	6.2	4.2		3.2	2.1	3.0	1.0	0.6	4.7	15.7	1.2	58.0
韩国	5.0	2.3	22.7	—	1.1	1.0	0.2	0.5	0.6	12.7	1.4	52.6
马来西亚	3.5	2.0	40.4	3.0	—	3.1	0.3	3.5	2.1	8.0	1.8	31.7
中国台湾	3.3	1.5	33.9	2.9	0.9	—	0.4	0.4	0.7	8.5	1.1	46.5
菲律宾	4.4	5.1	22.1	5.9	2.6	4.2	—	2.0	2.2	6.5	2.6	42.7
新加坡	4.2	1.9	21.7	2.2	5.0	1.3	0.2	—	1.2	10.2	3.1	49.2
泰国	2.8	1.4	47.0	2.1	1.6	2.1	1.3	0.9	—	6.5	0.8	33.2
总和	1.7	0.4	79.7	9.6	0.2	0.5	0.1	0.1	0.5	1.5	0.1	5.8

第四节　本章分析的主要结论

　　本章以测算东亚地区各经济体在参与全球生产网络分工背景下商品贸易的价值增值为基本出发点，分别对各国、各产品部门的商品贸易总额、商品贸易总出口占总产品出口比重、各国各部门产品的本国/外国贸易增加值度、各国出口贸易价值增值的国别分解这一系列指标进行测算和分析，由浅入深地呈现出东亚区域生产网络形成之初的贸易结构特征，本章主要分析结论如下：

一、东亚区域内中间品贸易高速发展

由本章第 2 节数据分析得知，自 20 世纪 90 年代末开始，区域内中间品贸易获得高速发展，在总量上已经超越当时的 NAFTA[①]，并且与 EU15 国的差距也在逐渐缩小，就其所占总贸易额比重来看，已经超过了当时的 NAFTA 和 EU15 国。这说明在 20 世纪末，东亚区域内各国的生产、分工和贸易之间的紧密联系是通过中间品贸易高速发展体现出来，且在当时已经开始形成相对完整的国际区域生产网络系统。

对东亚地区中间品贸易进行深入研究发现，其一半以上的贸易总额来源于机械、电子类产品，区域内零部件贸易的 95% 以上来自于机械、电子两类产品的出口，这说明东亚地区的机械、电子产业是适合国际产品内分工或国际分散化生产贸易发展趋势的产业。东亚区域生产网络的形成很大程度上得益于这两个产业部门在全球生产分散化的大趋势下与国际生产、分工环节在区域、空间上转移的新趋势下的结合。

二、东亚地区各国之间贸易产业关联度加强

在结合东亚国际投入产出数据进行各国、各产业的贸易价值增值度分析时发现，各国间贸易产业关联度呈现出以下特征：

（1）从出口贸易产品来看，东亚各国对本国的生产依赖程度下降，对区域内其他国家的生产依赖程度上升，这说明各国间投

---

① NAFTA：北美自由贸易协议（North American Free Trade Agreement）是美国、加拿大及墨西哥在 1992 年 8 月 12 日签署的关于三国间全面贸易的协议。

入—产出关联度通过产品交换得到加强。

（2）东亚各国对美国、日本的生产依赖程度仍然比较大，美、日两国仍然是主要中间品供给国，虽然自 20 世纪 90 年代开始，部分产业出口贸易中（机械类产品出口）对美、日的中间品依赖程度有所下降，但下降幅度较小，其基数仍然很大。

（3）东亚各国对中国的生产依赖度在逐渐增强。中国在东亚分工体系中的作用和地位在提高，中国在通过与东亚其他国家的分工和产品交换过程中实现了本国的崛起和腾飞，同时中国在世界贸易中的大国地位也离不开东亚地区的区域环境支撑。

三、区域内各国贸易价值增值结构有所调整

从区域总体贸易价值增值分析来看：

（1）东亚区域内各国的贸易分工关联与外部无法分割，主要依靠传统大国市场——美国的外部需求，其中间品贸易的国外价值增值度较高的依然是美国。

（2）东亚各国在参与全球生产网络进程中，本国的贸易增加值溢出至国外的比重有所增加，但本国自身获得的贸易增加值几乎都呈现出下降趋势。

这说明，东亚新兴市场国家和发展中国家从区域网络分工中获得的真实贸易所得并没有因分工体系深化而加强，反而因为对美、日国家的中间品严重依赖导致贸易利益大量被掠夺，区域内部仅获得微薄的真实贸易所得，这种贸易分工体系对东亚区域生产网络的发展存在较大威胁。

从区域内主要产业部门来看：

电子、汽车类产品的贸易增值度主要由美、日两国创造，但日本对区域内的贸易价值增值的贡献度在逐渐下降，而美国的价值增值总体呈上升趋势。中国从 2000 年开始对区域内电子产品贸易价值增值贡献度增强。

第六章　东亚区域内的
贸易产业关联性分析

　　由第五章分析可见，东亚区域内各国在开展商品贸易活动过程中，通过部分产业的中间品流转使用，直接或间接地将东亚区域各部门产品的生产流程有效结合在同一价值增值链条中，使得区域内部各产业间的相互依赖性与互补性更加突出，同时也推进了东亚区域生产网络发展进入一个新的阶段，使其逐渐趋于成熟、稳定的发展状态。

　　本章将通过对第五章中使用的 2000 年东亚国际投入产出表数据进行升级、更新处理，结合国际商品贸易的国别流向数据将该表更新至 2005 年。通过对比 1990—1995 年、1995—2000 年以及 2000—2005 年三个不同历史时期的投入产出数据，既能从总体上考察各国各产业发展的历史衍生路径，又能通过计算生产性诱导系数[①]（Productive Inducement Coefficients，PIC），来考察各国参与国际贸易活动所导致的本国与外国的生产关联性。

　　[①]　生产性诱导系数（Productive Inducement Coefficients）：生产一单位的最终产品所需要的中间投入品是多少。

第一节 东亚国际投入产出表升级过程分析

本节主要阐述对 AIIO 表的数据进行升级更新的主要程序和步骤，通过对 2000 年的东亚国际投入产出数据进行升级，并结合可以得到的最终产品贸易数据，将表中原始数据更新至 2005 年。表6.1 展示的是东亚国际投入产出表的简化形式，要利用该表进行数据分析必须要分别获得表中三个区域的数据：中间需求、最终需求以及总产出或总需求。

一、估算总产出（Total Output）及价值增值（Value Added）

首先，对于日本、美国这两个国家，可以直接依据 2005 年发表的美国和日本国家投入产出表计算出两国的总产出和价值增值[①]。

其次，对于东亚地区其他国家（这些国家没有相应的 I－O 更新表）相应的总产出数据，需要分别对加工制造产品和非加工制造产品价值进行估算，价值增值项可以根据这些国家的 DGP 统计数据获得，总加工制造产出值可以根据 CEIC 数据库统计数据获得[②]，非加工制造数据也是依据价值增值的增长率估算得出。

最后，对于每个国家的中间需求投入，是通过计算（总产

[①] 美国和日本的 I－O 表可以直接在 OECD 网站获得，也可分别从美国国家经济研究中心和日本国家经济研究中心获得。

[②] 在可获得的 CEIC 数据中，部分国家的加工制造数据缺失，这里仅依据国名账户（National Account）中的加工制造工业数据和本国生产价格指标进行估算。所以本章节中获取的更新数据并不十分精确，该论文只是提供一个新的研究视角，可以供日后数据完备时使用。

出—价值增加值）得出。

表 6.1　　　　　　　　　　　　AIIO 表简化模式

	中间需求（A）		最终需求（F）	其他出口	统计误差	总需求
	I，M，JU		IM，JU	HER	QX	XX
中间投入 A	IM，JU	A_{ij}	F_{ij}	L_{ij}	Q_{ij}	X
运输保险	FLH	BA	BF			
其他出口	ER	A^*	F			
关税	DT	DA	DF			
附加值	VV	V				
总投入	XX	X				

注：李晓，张建平：《中韩产业关联的现状及其启示：基于 2000 年亚洲国际投入产出表的分析》，载《世界经济》，2009。

资料来源：根据李晓、张建平 2009 年改编。

二、估算中间品需求

首先，对于每个国家的商品进、出口数据可以直接从 IMF 统计出的 Direction of Trade Statistics（DOTS）获得，各国的服务贸易统计数据无法直接获取，这里只能依据进、出口平衡支付账户（Balance of Payment，BOP）中货物与服务贸易各自所占比重对服务贸易进行加权估算而得。

其次，计算每个国家的进口价值，首先要从各国的进口总额中剔除运输、保险和关税费用（参见第五章，图 5.1 AIIO 表基本框架中 E 和 K），然后对于要得出的 2005 年最终产品的总出口价值，可以利用 2000 年各国出口占总最终产品贸易额的比重进行加权升级。

再次，计算国外中间品需求（参见图 5.1 中 N 区域），也就是本国中间品出口到区域内其他各国的流向，这里的数据需要利用 RAS[①] 方法进行处理升级，该方法主要是结合 2005 年各国最终商品的国别流向数据与原始的 2000 年 AIIO 表中中间品投入产出数据进行更新处理。

最后，估算 2005 年来自世界其他国家（参见图 5.1 中 D 和 J 区域）的中间品和最终品进口值。主要利用 2000 年 AIIO 表中中间品进口值与最终品进口值的比率以及 2005 年最终品的贸易额来计算出各国的中间品进口值。中间需求的净投入（图 5.1 中区域 F）是通过 C—D—E 获得，本国中间需求 G 是通过计算每个国家的 F—N 获得。由此可以获得表中各国的 H 区域数据。

三、估算最终品需求

每个国家总产出中支出给本国的最终需求部分（即图 5.1 中 I 区域），被定义为本国的个人消费，支付支出、总固定资本形成及各项投资。那么 2005 年的最终需求部分是通过对 2000 年最终需求部分乘以年总产出的年增长率计算得出。

对于每个国家最终需求中的净投入价值可以通过计算 I—K—J 部分得出。本国最终需求 M 可以通过计算 L － 最终品进口价值得出。总最终产品需求 P 可以通过计算 M ＋ 最终产品出口而得出。

最后，2005 年的 AIIO 表最终需求矩阵同样可以通过 2000 年的 L 和 P 区域数据进行 RAS 升级得出。

---

① 参见 S. Amer Ahmed & Paul V. Preckel, A Comparison of RAS and Entropy Methods in Updating IO Tables, 2007.

四、各国总产出、中间品需求和最终需求结果分析

尽管本书所使用的数据升级方法并不能达到十分精准的程度，仅仅属于总量上的估算推理分析，但根据其方法的基本思路，我们仍然可以大致描绘出东亚区域内各国在三个不同历史时期总体产出水平、中间品需求水平和最终产品需求的各自发展状态。

从图 6.1～图 6.3 中可以看出：

（1）总产出

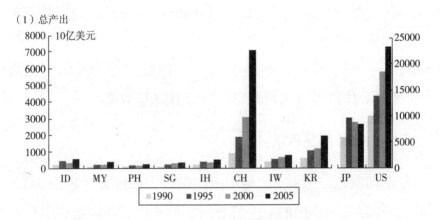

图 6.1　东亚区域各国总产出条形图

（2）中间品需求

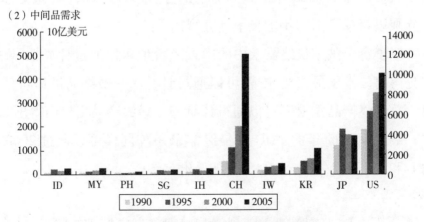

图 6.2　东亚区域各国中间品需求条形图

（3）最终需求

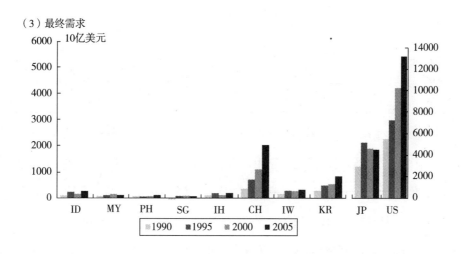

图 6.3　东亚区域各国最终品需求条形图

首先，在总产出水平上，呈现出极大幅度增长的东亚区域内国家只有中国，但其他国家/地区除日本以外均有小幅上升，这说明自 1990 年至 2005 年期间，东亚地区各国经济发展态势总体呈上升趋势。

其次，考察各国的中间品及最终品需求状态。中国仍然是该地区的领跑者，截至 2005 年其中间品需求已经达到 50000 亿美元，此时已经与日本对中间品需求的数量相当，东亚其他经济体对中间品需求都表现出增长态势，但涨幅相比中国较低。

最后对最终产品进行考察，中国在最终产品的需求上表现较为微弱，到 2005 年其最终产品的需求仅达到日本的一半，美国的六分之一左右。这说明中国的总体产出增长来源是集中在中间品需求上的，这也说明中国已经较为深入地融入到世界经济生产网络中，它对东亚其他经济体的中间品需求状态将在第七章进行分析。

表 6.2　　　　　　　　　　　中间品需求与最终需求比率

年份	印度尼西亚	马来西亚	菲律宾	新加坡	泰国	中国	中国台湾	韩国	日本
1990	0.8	1.2	0.9	1.7	1.0	1.5	1.4	1.3	1.0
1995	0.8	1.3	0.9	2.0	1.0	1.6	1.2	1.1	0.9
2000	1.0	2.0	1.1	2.3	1.4	1.8	1.2	1.3	0.9
2005	1.1	2.3	1.2	3.0	1.4	2.4	1.4	1.3	0.9

数据来源：笔者根据升级数据计算整理获得。

由表 6.2 中数据可以看出，除日本这一技术领先型国家以外，区域内其他几个国家的中间品需求占最终产品需求的比重均显上升趋势，其中上升幅度较大的有马来西亚从 1990 年的 1.2 上升到 2.3，新加坡从 1990 年的 1.7 上升到 3.0，中国从 1990 年的 1.5 上升到 2.4。而其他几个发展中国家的增幅虽然不及这三个国家表现突出，但都显示出上升趋势。由表中数据传递出的信息来看，东亚地区各国从 1990 年到 2005 年这期间对中间产品的需求大大增加，这表明各国在对最终产品的使用中，对中间品投入的依赖性逐渐增加，同时各国开始更加频繁地交换和使用中间产品。

第二节　基于东亚国际投入产出表的生产性诱导系数推导

本节将利用 AIIO 数据计算出各国在区域生产网络背景下，由于国际商品贸易活动而导致的各产业间的相互依赖程度。这一目标将通过计算生产性诱导系数（PIC）来完成。PIC 表示的是当产生一个单位的本国最终消费时所诱导出的本国或国外的生产量，意味着对最终产品需求的最初增长导致了本国或国外的多重生产，这些多重生产流程中的产品又通过商品贸易的形式交换到各国当做最终产品的中间投入品。

下面对该系数的推导过程做详细阐述：

首先，定义 X 为 10×1 阶向量，代表 AIIO 表中的总产出数据。

其次，定义 z 和 f 分别为 10×10 阶矩阵，代表中间品需求和最终品需求。

再次，定义 L 为 10×1 阶向量，代表出口到世界其他国家（除区域以外的其他国家）的价值，定义 1 为 10×1 阶单位向量。

因此，由 AIIO 表可以直接得出：$X = zl + fl + L.$ 将该等式展开则有

$$
\begin{bmatrix} X^I \\ X^M \\ \vdots \\ X^U \end{bmatrix} = \begin{bmatrix} Z^{II} & Z^{IM} & \cdots & Z^{IU} \\ Z^{MI} & Z^{MM} & \cdots & Z^{MU} \\ \vdots & \vdots & \cdots & \vdots \\ Z^{UI} & Z^{UM} & \cdots & Z^{UU} \end{bmatrix} \begin{bmatrix} 1 \\ 1 \\ \vdots \\ 1 \end{bmatrix} + \begin{bmatrix} f^{II} & f^{IM} & \cdots & f^{IU} \\ f^{MI} & f^{MM} & \cdots & f^{MU} \\ \vdots & \vdots & \cdots & \vdots \\ f^{UI} & f^{UM} & \cdots & f^{UU} \end{bmatrix} \begin{bmatrix} 1 \\ 1 \\ \vdots \\ 1 \end{bmatrix} + \begin{bmatrix} L^I \\ L^M \\ \vdots \\ L^U \end{bmatrix}
$$

$$(1)$$

该等式中每个元素的右上标都表示的是国家。此时，假设 A 为中间品投入矩阵

$$
\underset{(10 \times 10)}{A} = \begin{bmatrix} \alpha^{II} & \alpha^{IM} & \cdots & \alpha^{IU} \\ \alpha^{MI} & \alpha^{MM} & \cdots & \alpha^{MU} \\ \vdots & \vdots & \cdots & \vdots \\ \alpha^{UI} & \alpha^{UM} & \cdots & \alpha^{UU} \end{bmatrix}
$$

矩阵中投入系数 α^{ij} 被定义为：$\alpha^{ij} = \dfrac{z^{ij}}{X^j}$（$i$, j 分别代表各个国

家）。

对最终需求 f 重新定义，将其变现为矩阵 B 和向量 S，则有以下等式

$$
B \atop (10 \times 10) = \begin{bmatrix} \beta^{II} & \beta^{IM} & \cdots & \beta^{IU} \\ \beta^{MI} & \beta^{MM} & \cdots & \beta^{MU} \\ \vdots & \vdots & \cdots & \vdots \\ \beta^{UI} & \beta^{UM} & \cdots & \beta^{UU} \end{bmatrix} 和 \quad S \atop (10 \times 1) = \begin{bmatrix} S^{I} \\ S^{M} \\ \vdots \\ S^{U} \end{bmatrix}
$$

上述矩阵中 $\beta^{ij} \equiv \dfrac{f^{ij}}{S^{j}}$，$S^{j} \equiv \sum_{i=1}^{U} f^{ij}$

这里将等式 X 进行重新整理，先定义 $II \equiv [I - A]^{-1} B$，那么上述等式（1）可以变形为

$$
X = IIS + [I - A]^{-1} L \tag{2}
$$

这里的 $II \atop (10 \times 10) = \begin{bmatrix} \pi^{II} & \pi^{IM} & \cdots & \pi^{IU} \\ \pi^{MI} & \pi^{MM} & \cdots & \pi^{MU} \\ \vdots & \vdots & \cdots & \vdots \\ \pi^{UI} & \pi^{UM} & \cdots & \pi^{UU} \end{bmatrix}$。矩阵中每个元素 π^{ij}

即是生产性诱导系数，代表了由于国家 j 的一个单位最终需求所诱导出的国家 i 的生产量。

第三节　基于 PIC 的东亚地区
各国贸易——产业关联性分析

由第二节中所推导出的生产诱导系数等式，结合东亚地区各个时期的 AIIO 表数据计算得出各国的本国及国外生产诱导系数，

以条形图展示如下（见图6.4）：

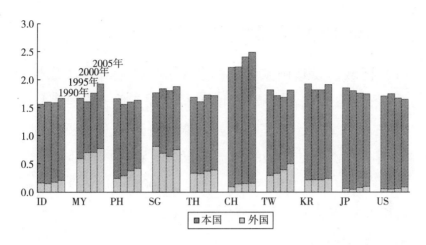

图6.4　东亚地区本国及国外生产诱导系数

图6.4既表现出生产诱导系数的不同维度，又表现出了各国间本国与国外的生产诱导性因素。假设东盟四国增加了一个单位的最终产品需求，根据图6.4可以看出由此所导致的本区域和外部区域的生产各是多少。这意味着该指标可以读取东亚区域内各经济体在生产过程中所带来的商品交换即国际贸易活动的发展程度。

由此，我们可以看出当日本或美国增加一个单位的最终产品需求时，几乎其全部生产都集中在本国国内，这意味着日本、美国国内各产业有较为完备的产业结构和生产能力。而东亚区域内部其他国家都表现出对国外生产依赖程度的增长趋势。

第四节　东亚各国贸易——产业关联程度结论分析

从本章计算结果来看，区域内各国的贸易——产业关联性的内、外部程度主要有以下特征。

一、各国总体上的贸易产业关联分析

（1）区域内发达国家日本的贸易——产业外部关联性最低。由图6.4显示，在东亚区域各国的总体贸易产业关联程度上，日本的外部关联性最低，出口贸易的国内生产依赖程度近似达到100%。本国一个单位的最终品需求仅仅导致区域外部0.1个单位的产品生产，且该关联程度从1990年至2005年几乎没有太多的调整，这也说明日本对东亚区域生产网络的贡献一直处于FDI形式的资本、技术层面。

（2）区域内ASEAN经济体（马来西亚、新加坡、菲律宾、泰国）的贸易——产业外部关联性一致较高。由图6.4数据可以看出，ASEAN经济体中新加坡和马来西亚这两个国家的一个单位的本国最终产品需求带来区域内其他国家产品生产的系数几乎都在0.5以上，而且该趋势一直处于上升趋势。菲律宾和泰国的贸易产业关联程度仅低于马来西亚和新加坡，也呈现出外部关联性上升态势。

（3）中国贸易——产业外部关联性较低。从图6.4数据来看，中国的贸易产业外部关联性很低，本国一个单位的最终品需求仅仅带来区域内其他国家的0.1～0.2个单位的产品生产。该数据说明，中国的国内生产加工体系虽然比较健全，但是在贸易产业的关联性方面对东亚地区的贡献度较低。

二、各国贸易产业关联性的动态比较

对各国数据进行动态对比发现，除韩国以外的其他国家/地区，包括日本在内，贸易产业的外部关联性都有所上升，但日本、中国的增长速度很慢。ASEAN 总体涨幅较快，而且比重较高。这说明东亚区域生产网络的构建中，各国通过贸易分工形式所带来的产业层面互动和生产环节上的相互依赖性逐渐加强。

第七章　中国在东亚区域生产
网络中的贸易结构调整

自 20 世纪 80 年代以来，中国在市场经济建设和对外开放的正确指引下，国内经济走向健康快速的发展道路。90 年代末期，中国经济迅速崛起，这一时期东亚国际区域生产分工网络也初步形成，两者相伴而生、相辅相成。中国更是主动抓住东亚区域产业结构纵向深化的历史机遇，通过发展劳动密集型加工贸易，承接来自区域外欧、美市场以及区域内日、韩等市场的转移产业，借此契机成功地融入世界生产网络，同时，在东亚区域分工体系中占有重要位置，并为推动东亚区域生产网络作出重要贡献。

本章将对中国来自东亚区域内部的进口需求和来自外部的美国进口需求进行计量实证分析。由于东亚地区对区域内部的出口依赖主要来自中国，对区域外部的出口依赖主要来自美国，并且在对中国的出口依赖中显示出比重较大的中间品出口，因此下文中的实证分析是基于东亚区域内贸易扩张基础上的垂直分工贸易与区域内（中国）、外（美国）部需求之间的关系。

第一节　中国在东亚区域生产
网络中的贸易发展特征

一、中国与东亚贸易总体上是一种进口贸易

在对2000—2011年中国与东亚地区各国/地区的贸易情况进行考察时发现，除中国香港和新加坡两个转口地区外，中国与东亚各国之间都呈现出贸易逆差，而且该趋势逐渐扩大（具体数据请参见附录3，最终差额数据见表7.1）。考虑到二次出口在中国香港总出口中所占比重较大[①]，而新加坡与中国的贸易顺差总额也比较小，所以中国与东亚地区的商品贸易总体上是进口贸易。因此，下文主要从中国来自东亚地区的进口贸易方面探讨东亚区域内贸易扩展问题。

表7.1　　　　　　　中国与东亚地区各国/地区贸易差额　　　单位：百万美元

年份	日本	韩国	新加坡	中国香港	马来西亚	印度尼西亚	菲律宾	泰国
2000	145	-11915	701	35089	-2915	-1340	-213	-2138
2001	2153	-10858	662	37119	-2983	-1052	-326	-2377
2002	-5032	-13033	-62	47737	-4322	-1082	-1175	-2642
2003	-14739	-23033	-1621	65165	-7846	-1265	-3214	-4999
2004	-20818	-34423	-1307	89072	-10089	-959	-4791	-5739
2005	-16421	-41713	118	112248	-9487	-87	-8182	-6173

---

① 根据Athukorala（2006），中国香港转口贸易的比重从1992年的74.3%上升到2004年的92.3%。

年份	日本	韩国	新加坡	中国香港	马来西亚	印度尼西亚	菲律宾	泰国
2006	-24050	-45202	5513	144529	-10035	-156	-11936	-8198
2007	-31888	-47319	12396	171634	-10979	231	-15589	-10633
2008	-34468	-38206	12134	177814	-10646	2871	-10372	-10020
2009	-33027	-48872	12270	157505	-12699	1057	-3362	-11589
2010	-55692	-69573	7618	206041	-26628	1158	-4680	-13452
2011	-46299	-79797	7430	252491	-34251	-2116	-3737	-13345

数据来源：作者根据 UNCOMTRADE 数据库中统计数据计算整理获得。

二、中国对东亚地区中间品进口依赖较大

本书根据联合国 COMTRADE 数据库中 SITC（Rev.3）产品分类标准，将中国对东亚地区第七类产品进口从总产品进口中分离出来（参见表7.2）。从进口数据来看，一方面，中国对东亚地区的总体进口自 2000 年至 2009 年呈逐年递增状态。另一方面，中国对东亚地区的中间品进口依赖程度较高，平均比重保持在 60% 左右。

表7.2　　　　　中国对东亚地区中间品进口比重　　　　单位：美元、%

年份	中间品进口	总进口	中间品占总进口比重
2000	53968582144	95145778757	0.567
2001	60096203763	97465951639	0.616
2002	77807687195	122428210465	0.635
2003	108660725832	173746745286	0.625
2004	141098136138	228342381124	0.618

续表

年份	中间品进口	总进口	中间品占总进口比重
2005	162431695121	261359206364	0.621
2006	194222037334	302664268534	0.642
2007	223134698388	355027960499	0.628
2008	233457317675	387410884619	0.603
2009	209661941058	342835478294	0.612
2010	249538339455	472703440184	0.528
2011	277401241755	551422667334	0.503

数据来源：作者根据联合国产品分类数据计算整理获得。

由此可见，中国在东亚区域内贸易扩张过程中起到非常重要的特殊作用，该特殊性主要源于以下几方面：

第一，中国凭借丰富的廉价劳动力优势弥补了区域内以日本和韩国为主的 NIEs 日趋上升的劳动力成本劣势，以此成为产业转移基地和加工组装基地。20 世纪末，美国对日本施加日元升值压力，日元的逐步升值导致日本快速的对外转移加工制造产业并在东亚区域其他国家实施 FDI，由此建立了以本国为首的东亚生产体系，日本也因此达到了提高本国国际竞争力的目标。与此同时，东亚区域内 NIEs 开始追赶老牌资本主义国家，这些国家对美国的出口能力逐渐提高，贸易顺差逐步扩大，面临的贸易摩擦日趋增多，因此 NIEs 也在积极寻求将部分制造产业转移至本国以外的机会。另外，在该时期国际产品生产技术进步飞快，产品生产的可分离性为这些国家提供机遇，日本、韩国的企业纷纷转移或外包其产品的部分劳动密集型环节给区域内的发展中经济体，以此来保存本国的产业竞争力。

第二，中国政府制定的优惠外贸政策吸引大量 FDI。来自外部的 FDI 一方面使得中国的生产制造能力有所提高，另一方面以 FDI 为载体建立起东亚区域内各层级生产网络平台，而中国在这一过程中扮演了中间枢纽的角色。自 20 世纪 90 年代末期，中国政府大力支持对外经贸发展，对从事外贸生产的企业提供政策性扶持，以此吸引来自全球各国跨国公司的 FDI①。这些跨国公司不仅为中国提供了大量资金补充，而且带来了先进的生产能力。尤其是在东亚区域内部，通过日、韩国等国对中国输入的大量 FDI 带动了区域生产网络平台的构建，通过新三角贸易模式完善了东亚区域生产网络。

第三，国内较大的需求市场和较为完善的工业生产体系有利于中国在衔接东亚网络分工模式上达到区域平衡。中国作为世界上经济总量最大，最有发展潜力的发展中国家，巨大的国内市场需求有待于进一步开发和利用。中国市场既需要来自日、韩等国家的资本、技术密集型中间品，也需要来自 ASEAN 经济体的资源密集型中间品。同时，中国国内工业生产体系与 ASEAN 经济体相比也较为完备，其配套设施也相对齐全，在中国的内陆地区逐渐建立起区域产业集群式的发展模式。因此，中国能够担当起衔接区域生产网络的枢纽作用，也能够在东亚区域内部进行生产关系的上下平衡，起到承上启下的中间作用。

---

① FDI 一般分为：资源需求型、效率需求型和市场需求型。此时对中国的 FDI 主要是市场需求型和资源需求型。

第二节 中国来自东亚区域内进口的面板协整分析

本节中，通过构建中国来自东亚区域内进口的面板协整分析，得出东亚地区垂直分散化贸易对内、外部推动力的依赖程度各是多少，并在此基础上进行对比分析，最终提出相关政策意见。

模型结构、变量设置与数据来源

1. 函数模型结构

根据理论逻辑关系与现实问题相结合，本章将对 2000—2011 年中国来自东亚区域各国/地区的进口（$CHIM_{ij}$）与东亚区域内各国/地区的国内生产总值（GDP_{ij}）、中国在东亚区域内生产网络中的分散化生产程度（VS_{ij}）、美国对东亚各国/地区的进口依赖程度（$SUSIM_{ij}$）的关系进行实证分析，拟建立函数关系如下：

$$\ln CHIM_{ij} = \beta_0 + \beta_1 \ln GDP_{ij} + \beta_2 VS_{ij} - \beta_3 SUSIM_{ij}$$

2. 变量设置

①被解释变量 $CHIM_{ij}$ 设置为中国来自东亚各国/各地区的进口。

②解释变量 VS_{ij}，这里设置为中国在东亚区域内的分散生产程度，以中国的中间品进口在其 GDP 中所占份额来衡量。$VS_{ij} = M/DGP_{ij}$ 这里的 M 选取为 SITC（Rev. 3）第七大类产品进口。VS_{ij} 值越大，代表中国参与东亚区域垂直分散化生产程度越高。

③解释变量 $SUSIM_{ij}$，这里代表美国从东亚各国/地区的进口比重，由于美国是东亚地区和中国的主要贸易伙伴，考察美国对该地区的进口情况主要是分析东亚地区的外部需求依赖。

④解释变量 GDP_{ij}，选取为各国/各地区的 GDP，主要是由于该解释变量能够代表各国的市场规模大小，以及对外部的需求能力。

3. 模型变量中的符号预期

在解释变量中，预期 VS_{ij} 与 GDP_{ij} 都是与被解释变量正向相关，因此这两个变量的预期符号为 + 。$SUSIM_{ij}$ 由于跟中国之间存在竞争关系，故符号预期为 - 。

4. 数据收集

第一，关于解释变量 GDP_{ij} 数据，参见表7.3。

表 7.3　　　　　　　　　　　东亚地区各国/地区 GDP　　　　　　　单位：亿美元

年份	2000	2001	2002	2003	2004	2005	2006	2007	2008	2009	2010	2011
中国	29879	33093	36691	41210	46648	53643	62405	73333	82150	90662	101244	113474
中国香港	1761	1810	1873	1970	2197	2431	2685	2940	3074	3024	3268	3530
韩国	8084	8596	9360	9658	10388	10967	11729	12685	13064	13245	14229	15036
印度尼西亚	4966	5263	5589	5980	6457	7052	7679	8404	9106	9629	10343	11312
马来西亚	2121	2180	2335	2522	2769	3135	3420	3738	4007	4027	4323	4648
菲律宾	1850	1947	2050	2198	2411	2610	2835	3111	3311	3385	3685	3927
新加坡	1360	1375	1456	1555	1745	1936	2173	2434	2705	2747	2939	3167
泰国	3166	3344	3639	4015	4408	4762	5150	5534	5817	5714	6296	6471
日本	32947	33825	34717	35710	37476	38896	40626	42637	42895	40900	43226	43829

数据来源：IMF 亚太报告 2012，国民账户指标。

第二，解释变量 VS_{ij} 数据，这里选取 $SITC$ 中（$Ver. 3$）第七类产品作为 M 所代表的数据，即中间产品进口。

第三，解释变量 $SUSIM_{ij}$，该指标代表美国对东亚地区各国/地区的进口占其总进口比重。

第四，被解释变量 $CHIM_{ij}$，中国来自东亚地区各国/地区的进口数据。由于这里包含了中国与区域内其他各国/地区自 2000 年至 2011 年历年的进口数据，所占版面较大，故请参见附录 3。

表 7.4　　　　　　美国从东亚各国/地区进口占总进口比重　　　　单位：%

年份	日本	韩国	新加坡	中国香港	中国	马来西亚	印度尼西亚	菲律宾	泰国	东亚
2000	35.57	10.4	4.88	2.99	26.84	6.57	2.80	3.61	4.33	1
2001	35.81	10.7	4.21	2.78	30.20	6.37	3.01	3.24	4.30	1
2002	32.62	9.66	3.95	2.56	34.93	6.47	2.74	2.99	4.12	1
2003	29.50	9.34	3.77	2.24	39.75	6.38	2.51	2.56	3.92	1
2004	27.44	9.84	3.21	2.01	43.32	5.98	2.40	1.98	3.80	1
2005	25.69	8.27	2.80	1.67	47.72	6.30	2.35	1.75	3.82	1
2006	24.64	7.71	2.93	1.34	49.50	6.07	2.32	1.64	3.83	1
2007	23.10	7.61	2.88	1.13	52.5	5.21	2.35	1.51	3.67	1
2008	21.94	7.59	2.48	1.02	54.5	4.83	2.55	1.39	3.76	1
2009	18.50	7.66	2.99	0.74	57.9	4.49	2.61	1.30	3.74	1
2010	18.86	7.72	2.71	0.68	58.45	4.06	2.65	1.27	3.60	1
2011	18.55	8.21	2.71	0.62	58.46	3.71	2.80	1.33	3.61	1

数据来源：作者根据 UNCOMTRADE 数据计算整理获得。

5. 面板数据检验

（1）单位根检验。对面板数据进行回归分析之前需要进行单位根检验，为了避免发生伪回归现象发生。单位根检验主要有：LLC 检验、Breitung 检验、IPS 检验、Fisher ADF 检验和 Hadri 检验五种。前三种是相同的根检验，后两种是不同的根检验。本节中单位根检验结构请参见表7.5。根据结果显示，面板数据的序列水平值都不稳定，而一阶差分值都是稳定的。

表7.5　　　　　　　　　　　　面板数据的单位根检验

检验方法		CHIM	GDP	VS	SUSIM
水平值	LLC	4.9 (0.94)	-0.58 (0.3)	3.52 (0.99)	-0.87 (0.16)
	Breitung	3.24 (0.99)	2.21 (0.78)	2.11 (0.99)	1.89 (0.95)
	IPS	1.45 (0.92)	1.99 (0.99)	0.47 (0.65)	0.12 (0.49)
	Fisher ADF	5.08 (0.99)	3.92 (0.97)	11.8 (0.71)	17.5 (0.38)
	Hadri	6.8 (0.00)*	4.13 (0.00)*	4.82 (0.00)*	5.97 (0.00)*
一阶差分值	LLC	-14.8 (0.00)*	-15.9 (0.00)*	-3.82 (0.00)*	-4.82 (0.00)*
	Breitung	-2.1 (0.03)*	-3.4 (0.00)*	-2.3 (0.01)*	-0.33 (0.01)*
	IPS	-1.9 (0.04)**	-7.54 (0.00)*	-1.95 (0.00)*	-2.13 (0.01)*
	Fisher ADF	28.6 (0.00)*	69.5 (0.00)*	42.5 (0.00)*	40.8 (0.00)*
	Hadri	0.24 (0.14)	-0.32 (0.49)	0.91 (0.21)	0.99 (0.16)

注：*、**分别表示在1%和5%的显著水平上拒绝原假设，括号中数据是统计量的伴随概率。

（2）面板协整检验。主要检验变量之间是否存在协整关系，本章变量的面板协整检验结果见表7.6。由表中数据得出，该方程存在协整关系，可以直接进行回归分析，不存在伪回归。

6. 面板模型选择

用面板数据建立的模型一般有两种，一是固定效应模型，二是随即效应模型。选择哪种模型可以用 Hausman 检验进行判断。本节中面板数据 Hausman 检验的伴随概率小于 0.05 临界值，表明拒绝使用随即效应模型的原假设，应使用固定效应模型。

表 7.6 变量的面板协整检验

变量		面板协整检验结果			
被解释变量	解释变量	组内统计量	Panel v – Statistic – 1.74 *	Panel PP – Statistic – 3.05 *	Panel ADF – Statistic – 3.96 *
CHIM	GDP、VS、SUSIM	组间统计量		Panel PP – Statistic – 2.75 * *	Panel ADF – Statistic – 1.42

注：1. 表中 Panel v – Statistic 为右尾检测，其他两个为左尾检测；2. *、* * 分别表示在 1% 和 5% 的显著水平上拒绝不存在协整关系的原假设。

7. 面板协整的方程估计

固定效应模型估计的面板协整方程如下：

$$\ln CHIM_{ij} = 1.728 + 1.433\ln GDP_{ij} + 0.185VS_{ij} - 0.019SUSIM_{ij}$$
$$(2.32) \quad (10.36) \quad (5.61) \quad (-3.29)$$

$$R^2 = 0.89 \quad Adjusted\ R - squared = 0.87$$

$$F - statistic = 91.77 \quad Prob(F - statistic) = 0.00$$

从面板协整方程可以看出，回归结果中的方程系数符号与预期估计一致，东亚区域各国/地区的 GDP 与中国来自东亚各国/地区的垂直分散化生产程度对中国来自区域内的进口有正效应，而美国从东亚地区的进口份额对中国来自东亚地区的进口有负效应，这说明区域内各国/地区的经济综合实力或供给能力的增加、区域内分散化生产程度的加深以及美国从东亚地区进口份额的减少都能够促进中国对东亚地区的进口贸易。这里需要说明的是，美国从东亚各国/地区的进口以最终产品为主，而中国从东亚地区的进口主要以中间品为主。

从三个解释变量来看，由于在各国/地区 GDP 与中国从东亚地区进口这两个变量之间取了对数形式，故两者存在对应弹性关系，

区域内一国/地区 GDP 每增长一个单位对中国从东亚地区进口有
1.433 个单位的增长促进作用。从中国参与东亚地区垂直分散化生
产程度与美国来自东亚地区的进口比重这两个解释变量对比情况
来看，中国在东亚区域内部参与分散化生产、分工程度对中国来
自东亚的进口影响比较大，但是与美国对东亚地区进口比重进行
对比来看，该因素对东亚地区的贸易扩展和中国来自东亚地区的
进口贸易都存在一定程度的影响，且该影响可能会呈上升趋势。

第三节　东亚区域生产网络背景下的贸易结构调整政策分析

就全文分析来看，东亚地区在经济全球化、工序生产全球化
以及分散贸易全球化的发展进程中，根据区域内部独特优势，纵
向方面进一步深化区域内生产、分工体系，横向方面进一步加强
区域内各国间的优势互补，逐渐构筑起东亚区域生产网络并在此
基础上形成一个有东亚区域特色的贸易、产业结构网络。

自 20 世纪 90 年代至今，东亚区域生产网络从建立之初到目前
日趋成熟，经历了一个历史蜕变与崛起的过程，从对外经贸发展
到区域内部的产业结构调整都取得了巨大成就。其突出表现更是
以区域内中间品贸易、零部件产品贸易对世界商品贸易的巨大贡
献赢得了世界关注的目光。但是，当笔者以新的角度对东亚区域
生产网络进行再研究，通过对东亚区域贸易结构进行价值增值分
解时发现，区域内部贸易分工结构仍有待优化调整，具体政策建
议将分别体现在东亚区域内、外部两方面。

一、区域内部贸易结构调整的相关对策意见

（一）维持现有地位、继续发挥区域内独特优势

1. 维持现状

在新的国际产品内分工体系下，各国比较优势仍然是实现国际贸易分工的主要基础。新兴市场国家和发展中国家的比较优势体现在劳动力和自然资源两方面，因此这些国家只能占据全球价值链低端的劳动密集型和资源密集型的工序生产环节；而发达国家和东亚区域内的日本、韩国等 NIEs 由于具有实物资本、人力资本和科学技术领先优势，便可专业化于高端的资本密集型和技术密集型工序生产环节。

在目前形成的现实贸易分工体系下，新兴市场国家处于相对被动的局面，它们与发达国家之间形成了领导和被领导的关系。面对这一现状，部分经济学家认为新兴市场国家要积极摆脱这一不利地位，对国内产业生产实施保护，构建本国较为完整的国内价值链体系。但是从长期来看，一国如果脱离全球生产网络这一国际外部环境，国内价值链将会缺乏自身生存能力，一旦进入国际市场，将惨遭击溃。所以，在全球工序分工与贸易体系中，价值链的竞争必须以市场为导向才能实现持久均衡。

东亚区域内部的新兴市场国家必须在竞争中首先维护并保持住自身在全球价值链中已有的分工地位，这是第一步必须明确的战略定位，失去了在全球价值链中的已有地位就失去进一步融入全球工序分工与贸易体系的机会，可能会直接被排斥在现代分工与贸易体系之外，前期获得的贸易利益也将丧失殆尽。在这个意

义上，针对新兴市场国家的贸易发展战略必须明确，它是进行下一步发展的前提条件。

2. 继续发挥区域内特有优势

东亚区域生产网络的形成主要是顺应了东亚地区独特的国际区域动态综合比较优势。这种优势主要体现在：

首先，各国要素资源禀赋和区域分工的阶梯形式。东亚地区新贸易分工形式正是新三角贸易和产品内贸易相互作用的结果。要素禀赋的动态梯次形式是新三角贸易模式的基本保证，而产品内垂直分工和区域内的分散化生产是东亚国际区域生产网络顺利发展的基本载体。

其次，东亚区域内部所具备的其他独特优势也较为明显。例如，源于 FTA 带来的整体关税和非关税壁垒下调；各国之间在地理区位上的相互邻近，带来较为便利的低运输成本优势；以及区域内各国的贸易文化和习俗的相似性等。由于存在以上种种特有的区域资源优势，东亚地区就要进一步开发并利用上述优势，以此推动东亚地区对外贸易的持续高速、健康的发展。

（二）在区域内部各国之间建立产业集群并形成相互学习、互补和竞争机制

从东亚地区产业贸易关联层面来看，区域内部首先要形成具备国际竞争能力的产业集群或者在某一两个支柱型产业上形成较为完备的价值链生产体系才能够在国际贸易分工体系中占有一席之地。

根据本书在第五、六章中对东亚区域内各主要产业的贸易价值增值分析的发现，东亚各国（包括日本）已经在整体上将电子、

电气产业作为新兴主导产业大力扶持发展，而且基本上采取了产业集群式发展模式。在东亚电子、电气产业的生产网络中，产业集群是各国参与分工和贸易关联的必经渠道，它将各生产节点有效连接在一起。

自 21 世纪初，由于区域内 NIEs 在电子、电气产业的竞争能力逐渐提升，而此时中国在区域分工中的地位也有所提升，这导致东亚地区在很多电子产品的生产能力上都到达了国际成熟产品的标准化生产阶段。其间，ASEAN 也逐渐参与到该产业的区域内部竞争行列。由此来看，区域内部各国/地区都将融入全球电子、电气产业贸易分工体系作为本国产业发展的主要目标，基于这一共同目标，区域内各国更加进一步地推动电子、电气产业的集群式发展模式，培育本土电子、电气产业链。但是，各国在吸引外资和技术引进上也不可避免地存在相互竞争。因此，针对东亚区域内部有发展潜力的产业，例如，电子、电气产业，要逐步形成一个相互学习、优势互补和良性竞争的产业集群式发展模式。

（三）培育东亚地区内部新兴跨国公司发展、成熟、壮大

在本书第五、六章对东亚地区各国的国外价值增值进行分析时发现，东亚各国出口贸易中来自国外的贸易增加值虽然有整体下降趋势，但是由于原有的基本比重较大，各国对来自国外的贸易增值依赖（主要是美国）仍然比较严重。究其原因主要是区域内各国对欧、美市场产生长期的中间品进口依赖，在世界前沿的高附加值核心产品上缺乏资本、人力、技术支撑，一直无法达到核心中间品自我供给状态，由此产生了对西方跨国公司转移到东亚地区技术和资本的惯性依靠。长此下去，东亚地区将永远处于

西方发达国家跨国公司的产业转移基地和加工制造基地。

　　基于此，在东亚地区发展中国家或新兴市场经济体中，培育并发展出一批新兴跨国公司①，并使其发展、成熟、壮大便成为改变东亚地区对外部贸易增加值依赖、长期处于发达国家跨国公司掠取高额贸易利益命运的关键所在。就目前现有形势来看，东亚发展中国家/地区成长出一批新兴跨国企业，比如台湾地区的宏基公司、中国的联想和海尔集团、韩国的三星集团等。这些来自东亚区域内部的新兴跨国公司为本地区的 FDI、产业转移和分工合作作出了较大贡献。

　　在区域内部培养和发展壮大更多的新兴跨国公司就要继续利用和发挥这类企业的优势所在：第一，区域内部的新兴跨国集团可以带来区域规模经济和学习效应，从而带来更低的产业制造成本；第二，这类企业具有区域内部领先技术、较强的资金实力和独特的营销模式②。以这类企业为领导厂商，建立东亚区域内较为完善的投资、研发、加工、生产一体化流程能够使得东亚地区逐渐摆脱长期在国际生产网络中被动、被领导的地位。

　　（四）加强政府合作和区域经济一体化制度推进

　　由前文分析可见，东亚地区以较高比重的区域内贸易列全球第二大区域贸易体，而且区域内部各部门产品的中间品交换和相互需求程度达到历史最高，这些成绩都与东亚区域经济一体化进程分不开。

――――――――――

　　① 东亚地区除日本以外的国家/地区中发展起来的跨国公司，这里统称为东亚地区新兴跨国公司。

　　② 吴先明，2001：140－141。

　　近年来，在全球双边贸易协定如火如荼的发展浪潮中，东亚地区的双边 FTA 得到较大程度发展[①]，中、日、韩和印度都加快与 ASEAN 建立 FTA 的步伐。截至 2009 年，东亚地区已经建立起一个区域 FTA 网络。鉴于此，东亚地区在经济一体化的合作进程中受益匪浅。因此，就区域内部各政府间合作和经贸一体化方面有几点建议：第一，继续通过 FTA 促进区域内货物贸易自由化。这项工作的开展要与时俱进地针对东亚目前的新贸易发展模式，特别是要为各国中间品贸易和零部件产品贸易发展提供便利。第二，着重加强各国双边投资合作，为各国投资便利化提供帮助。第三，积极促进各国间服务贸易合作、减少服务贸易合作限制。

二、区域外部贸易结构调整的相关对策建议

（一）逐渐摆脱对传统大国市场出口依赖

　　由本章第一、二节分析可见，东亚地区对传统大国市场（美国）的出口依赖程度较高，而且出口产品基本以最终品为主要形式，这说明东亚地区在贸易分工体系上始终没能实现自我循环系统的建立。面对这一现状：一方面，东亚区域内各国尤其是新兴发展中国家要积极开发本国国内市场需求，逐渐建立起区域内部自我供给、自我消费局面；另一方面，东亚各国要逐渐开发非传统出口市场，针对不同出口市场调整各自出口产品的差异性与各地区消费者对产品需求的异质性，逐渐将出口产品市场的国际份额分散化、多元化。

---

① 具体可参见 2010 年国际贸易发展报告，WTO。

(二) 实现区域贸易整体可持续发展

东亚地区目前的贸易扩张势头主要是通过成功实现劳动密集型工序产品的出口扩张来完成的，该趋势会导致价格贸易条件与要素贸易条件的双重恶化。如果将这种贸易结构继续发展下去，很可能会导致收入贸易条件也出现恶化趋势，从而出现"贫困化"增长。面对东亚地区目前出口的主打产品来看，虽然以纯手工制造的服装、纺织类产品出口比重在逐渐下降，以机械、电子产品类出口比重逐渐增长，但是出口产品的档次普遍较低，技术含量也不高，仍然处于全球价值链中的中、低端工序分工环节。

这类产品，从长期需求市场来看，由于其需求收入弹性小，世界产品生产需求的增长并不能拉动对这类产品需求的迅速扩大，对有些产品的需求甚至还会萎缩，市场缺乏持续成长性；从供给方面看，由于技术含量低，产品生产的进入壁垒低，工序产品向上的供给价格弹性大（即该类工序产品的价格上涨一个百分点供给量的增加会大于一个百分点），导致这种产品出口市场竞争异常激烈，既有来自本国内部的厂商，也有来自区域内部其他新兴市场国家的厂商。因此，基于东亚区域贸易结构可持续发展战略这一目标，要对区域内部贸易结构进行更加合理的优化调整。

第四节　中国在东亚区域生产网络背景下的贸易结构调整对策分析

自 2009 年，中国以世界第一出口大国和世界第二商品贸易国地位继续保持商品贸易总量的高速发展时，有些学者提出，正是中国越来越快地融入到全球生产网络中，并且以世界产品生产、分工体系最为重要的加工制造基地带动并促使东亚地区在国际生产网络中地位有所上升。而另外一部分学者则认为，正是东亚地区在20世纪90年代末期，其区域生产网络的构建为中国提供了历史性机遇，成就目前中国贸易大国的地位。这两种说法都存在各自的客观性，只是角度不同而已。但从现实角度来看，东亚地区和中国的商品贸易高速发展的确是相辅相成，相互促进的。

本章第三节针对东亚地区作为区域整体如何进一步开展对外商品贸易提出了相关政策建议。在下文中，笔者将中国放在东亚区域生产网络背景下，提出针对中国进一步调整贸易结构的政策性建议。

一、逐步摆脱对国外核心中间品进口依赖，努力提高国内中间品供给能力

由本书分析来看，中国无论作为世界第一商品出口大国还是东亚地区三角贸易模式的中间环节，其商品贸易发展呈现出的主要特征是对西方发达国家核心中间产品的进口依赖和最终产品的出口依赖。由于本国国内无法实现中间品的自我供给，因此虽然出口贸易总量持续增加但真实贸易获利却一直很低。

就东亚地区来看，中国参与的产品内国际分工环节大都是出口贸易增值率很低的劳动密集型阶段，而且中国出口的零部件产品单位价格也远远低于同类进口的零部件产品。一般认为，因为存在大量的可替代品，低端产品的价格弹性和收入弹性（通常将低端产品视为劣质品，所以该弹性为负值）都很大，价格稍微上

涨,或者收入水平稍微提高,就会导致需求量的急剧下降;同样,劳动密集型生产环节也具有极高的价格(工资)弹性,一旦工资水平上升,这些环节就会很快被转移到新的低工资水平国家/地区。上述情况表明,中国必须从中间品自我供给开始,努力提高国内产品的技术含量和价值含量,增加国内配套环节和价值,逐步摆脱对国外关键中间品的进口依赖,不断提高中国出口中间品、零部件产品的单位价值,最终形成中国的核心零部件技术优势和国际市场竞争力。

二、积极鼓励中国企业建立国家层级的全球生产网络

在东亚区域生产网络背景下,各国如果能够鼓励本国企业建立次级(国家层级)生产网络,就会将该区域生产网络推向更高层级的发展。但就区域内其他新兴发展中国家来看,几乎都不如中国能够首先担当此任。无论是中国国内各区域产业集群建设还是整体产业发展体系和配套设施都能够支撑本国建立起国际层级的生产网络。

首先,要支持国内企业在跨国公司主导的全球生产网络下寻求生存发展。发展中国家的本土企业一般都是沿着跨国公司(所谓领导厂商)主导的全球生产网络或全球价值链逐步升级的,从外围供应商升级为网络供应商,从低级供应商升级为高级供应商,从工序加工环节升级发展到价值链升级。对那些处于起步阶段的发展中国家跨国企业首先保证能够顺利参与到产品内国际分工网络之中。这是建立国家层级国际生产网络的第一步,但是作为发展中国家的跨国企业并不能仅仅止步于此。

其次，要力争构建以本国跨国企业为主导地位的国家层级生产网络。传统的价值链或全球价值链理论严重忽略或低估了发展中国家企业的领导能力和首创精神，其所谓的逐级产业升级理论具有明显缺陷，并且严重束缚了发展中国家企业的"创造性破坏"创新精神，是一种名副其实的"升级陷阱"或"升级幻境"。根据全球生产网络治理模式和组织形式理论，建立全球生产网络并非发达国家跨国企业的专利，只要占有一定规模的国内市场，多数具有国际眼光和思路的中国企业都可以组建自己的全球生产网络，真正做到"走出去"、"利用国际国内两种资源"。

在这个方面，中国部分大型国有企业已经率先垂范，而且部分民营企业也初具实力，比如吉利集团、力帆摩托等。由此看来，在我国建立起以自身为主导地位的国家级全球生产网络并非是一件不可能完成的事情。

三、积极发展国内服务产业，提升服务贸易竞争力

根据西方发达国家的发展经验来看，较为发达的服务产业一方面有助于降低产品内国际分工的交易成本。另一方面，在国际分工的螺旋形动态演进过程中，随着专业化经济和交易效率的持续提高，在要素禀赋差异适中的国家之间有可能形成服务业和制造业之间的国际分工，即一部分国家专业化从事服务业（主要指知识密集型消费服务和生产者服务），另外一些国家专业化从事制造业，形成"头脑"与"双手"之间的国际分工。知识密集型的头脑产业往往会占领国际分工生产网络的价值中枢地位。换言之，类似美国苹果品牌产业，"创造者"往往会领导"制造者"。

为此，中国必须未雨绸缪，从优先发展生产者服务业入手，逐步培育中国的服务供给能力并通过服务贸易的方式参与到产品内国际分工之中，为参与未来服务业与制造业之间的国际分工奠定坚实的基础。与此同时，中国还可以利用东亚区域各国间的地域优势，联手印度等其他新兴市场国家，争取在某些服务产业上（比如印度的软件设计产业）进行优势互补，打造区域服务产业集群，以此增强区域整体的服务贸易国际竞争能力。

四、充分利用全球资源，进一步推进走出去战略

积极参与全球产品内工序分工，虽然我国的外贸加工企业在促进中国经济增长、创造就业等方面作出了巨大贡献。但是，由于我国企业大多只从事低端的加工生产，在全球价值链中处于不利地位，故获得的真实贸易利益较少，对国家增强竞争优势，促进经济发展来说作用有限。从现实紧迫性来看，我国不能长期依赖于这种"两头在外"的"飞地"经济，将会形成严重的本国经济与外资经济的二元发展，并在一定程度上导致中国企业被边缘化，产业被"片段化"，从而丧失产业协调成长的机遇。

产品内国际分工下的全球型经营模式已是当代各国先进企业普遍采用的经营模式。如果我国企业不采用这种模式，只立足于国内的资源配置，必然会在全球竞争中处于劣势。因此，我国必须更加积极地实施"走出去"战略，推动我国一些有实力的企业，充分利用全球资源，将某些生产环节安排在国外进行或者构建自己的全球产品内国际分工网络，对于增强中国企业的竞争优势，促进产业发展都具有十分重要的现实意义。

（一）企业实施"走出去"的战略对策

现代化全球企业竞争中，企业不可能完全依赖本国环境来持续它的竞争优势。企业的全球战略侧重在其他国家的活动，以提高本国的竞争优势。中国企业在实施"走出去"战略时，必然面对与以往国内经营大不相同的竞争环境，因此，必须在企业制度上进行变革。中国企业实施"走出去"战略，应采取的对策措施主要包括：

（1）大力培养跨国经营人才，增强企业全球化意识，充分利于全球资源；

（2）借鉴国际经验，组建实力雄厚的企业集团，增强企业竞争能力；

（3）加强企业风险管理机制，强化海外企业的生存与发展能力；

（4）借鉴国外的管理经验，完善企业自身的经营管理机制和企业制度，塑造充满活力的企业主体。

（二）政府支持中国企业实施"走出去"的战略对策

我国政府应该参考发达国家为其本国企业制定的各种特色政策措施，为中国提供信息、法律、金融和政策扶持，推动中国企业顺利、健康地实施"走出去"战略。中国政府为了支持企业实施"走出去"战略，应采取的对策措施主要包括：

（1）要健全对外投资法律法规与政策体系，并尽快制定"海外投资法"，改变中国企业从事国际化经营无法可依的局面；

（2）在海外投资项目审批中要完善审批程序、简化审批内容和手续、提高审批效率，同时也要严格审批条件，保证境外投资

项目的质量和效益;

（3）建立和完善"走出去"促进和支持政策措施，政府应根据国家总体发展战略和经济发展的要求，对境外投资项目进行各种政策性鼓励;

（4）加强对外投资信息服务体系建设，降低由于信息不对称所造成的投资风险;

（5）进一步完善海外投资金融服务体系，进一步完善为企业跨国经营提供的信用担保制度。

第八章 主要结论和进一步研究的方向

第一节 本书的主要研究结论

本书主要研究目的是探寻东亚国际分工体系在区域生产网络发展进程中的逐步深化和发展，通过测算东亚地区各国的贸易价值增值真实情况，探析东亚区域贸易结构在国际生产网络形成和发展的背景下发生的变化和进一步的调整。

本书在对国际生产网络和东亚区域生产网络理论成因进行论证时发现，国际分工理论能够较为深刻地诠释生产网络经济现象的内在本质。因此，本书分别运用放宽假设条件的比较优势分工理论，结合产品内分工、工序分工的规模经济理论以及国际生产分散化和集中化相互作用的新经济地理理论来论证各国参与全球生产网络的理论基础，新兴市场国家参与区域生产网络的初始动力以及生产网络所定在区域范围内的历史成因。

在此基础上，本书对东亚区域生产网络背景下的商品贸易结构进行由浅入深的结构性分析，分别以东亚区域贸易结构总体特征、东亚区域产品贸易价值增值成分、东亚区域内各国贸易产业关联度以及中国在东亚区域生产网络中的贸易结构调整这几个方面加以分析、研究。

一、东亚区域贸易结构总体上的动态演变

通过本书第四章对东亚区域内各国/地区的分类产品进、出口结构进行动态对比①发现：东亚地区商品贸易发展总体呈现上升发展趋势，尽管世界商品贸易总额在 2009 年下滑 12 个百分点，但是亚洲地区的总体商品贸易在 2009 年仍然占据世界商品贸易交易总额的 27.4%（进口方向）和 29.4%（出口方向）；就东亚区域内各国、各部门产品的进出口情况来看，主要有以下几方面特征：

第一，自 1990 年至 2007 年以来，东亚新兴发展中经济体（中国与东盟经济体②）的商品出口结构在动态发展进程中表现出部分结构优化。这种优化主要表现在第七类产品③的出口贸易上，各国均有大幅增长：中国自 1990 年至 2007 年该类产品出口增长为 18% ~ 48%。而东盟经济体中马来西亚：38% ~ 49%，泰国：21% ~ 45%，菲律宾：28% ~ 48%，印度尼西亚：2% ~ 12%。

对于第六大类产品（部分手工制造品）的出口，新兴发展中国家均呈现出微弱涨幅或部分下降趋势。这就说明以中国为代表的新兴发展中经济体在参与全球生产、分工体系进程中已经越来越多地融入到区域生产链条中，并逐渐提升其价值增值度，开始向资本、技术更高密集程度的生产环节攀升。

---

① 本文第四章中对东亚区域内各国、各产业产品的进出口结构进行 1990 年和 2007 年的动态对比。

② 这里和下文分析中所提到的东盟经济体仅包含马来西亚、泰国、菲律宾、印度尼西亚四国。

③ 以 SITC（Rev. 3）的一位分类。

第二，新兴工业经济体（NIEs 新加坡、韩国）的商品进出口结构表现出稳中有所调整。两国自 1990—2007 年在第六、七类产品的进出口贸易方面，总体上并没有表现出大幅调整。新加坡在第七类产品的出口上微有上调，而韩国在第七类产品的出口上则表现突出，从 1990 年的 40% 上升到 2007 年的 60%，这说明在东亚生产网络构建过程中，韩国的中间品出口贡献度较大；进口方面则呈相反趋势，新加坡在第七类产品的进口上涨近 10%，而韩国则下降了 5 个百分点。

第三，发达经济体日本依然是区域生产网络中的技术领军国。由于日本一直以来的出口贸易结构单一，除了出口资本、技术密集型的第七类产品以外，其他类产品完全依赖外部进口需求。这里值得提出的是，1990—2007 年，日本的第七类产品出口已经开始呈现下滑趋势，这说明该国的技术、研发能力并未能够像 20 世纪末那样保持较高速度的发展，也表明东亚地区其他国家在第七类产品出口上后劲十足，对日本产生一定程度的竞争效应。

总体来看，东亚区域贸易结构正在经历从"旧三角贸易模式①"向"新三角贸易模式"的转变。在旧三角贸易模式下，东盟经济体所扮演的角色只是原料供给地，它们为日本和 NIEs 提供自然资源或初级产品，严格意义上还没有真正进入东亚区域生产网络的核心层面。但是从论文中的动态对比分析所见，至 21 世纪初开始，NIEs 的技术、研发水平有所提高，中国和东盟经济体开始

---

　①　20 世纪 80 年代以前，NIEs 从日本进口资本品和中间品，在本国组装成最终产品，再次出口到欧美国家，这种分工形式被称为"旧三角贸易"模式。

逐渐参与到工业产品的贸易体系构建中,形成了"新三角贸易"模式,该模式下 NIEs 开始向东亚区域提供资本品、中间品,而中国和东盟经济体开始承接中间品组装和加工环节,由此形成了 NIEs→ 中国、东盟经济体→欧美地区的新型东亚贸易格局。

二、东亚区域内各国贸易价值增值分析

本书第五章运用亚洲国际投入产出表中的数据(AIIO 数据库数据),对东亚地区各国在参与全球生产网络分工背景下商品贸易的价值增值度进行测算。分别从各国、各产品部门的商品贸易总额、商品贸易总出口占总产品出口比重、各国各部门产品的本国、外国贸易增加值、各国出口贸易价值增值的国别分解这几个角度,由浅入深地呈现出东亚区域生产网络构建进程中的贸易结构演变,主要分析结论如下。

(一) 东亚区域内中间品贸易的高速发展

由第五章第二节数据分析得知,自 20 世纪 90 年代末开始,区域内中间品贸易获得高速发展,在总量上已经超越当时的 NAFTA,并且与 EU15 国的差距也在逐渐缩小,就其所占总贸易额比重来看,已经超过了当时的 NAFTA 和 EU15 国。这说明在 20 世纪末,东亚区域内各国的生产、分工和贸易之间的紧密联系是通过中间品贸易高速发展体现出来的,且在当时已经开始形成相对完整的国际区域生产网络系统。

对东亚地区中间品贸易进行深入研究时发现,其一半以上的贸易总额来源机械、电子类产品,区域内零部件贸易的 95% 以上来自机械、电子两类产品的出口,这说明东亚地区的机械、电子

产业是适合国际产品内分工或国际分散化生产贸易发展趋势的产业。东亚区域生产网络的形成很大程度上得益于这两个产业部门在全球生产分散化的大趋势下与国际分工体系在区域、空间上转移的新趋势下的结合。

（二）区域内各国贸易价值增值结构有所调整

从区域总体贸易价值增值分析来看：

（1）东亚区域内各国的贸易分工关联与外部无法分割，主要依靠传统大国市场——美国的外部需求，其中间品贸易的国外价值增值度较高的依然是美国。

（2）东亚各国在参与全球生产网络进程中，本国贸易增加值溢出至国外的比重有所增加，但本国自身获得的贸易增值几乎都呈现出下降趋势。

这说明，东亚新兴市场国家和发展中国家从区域网络分工中获得的真实贸易所得并没有因分工体系深化而加强，反而因为对美国、日本国家的中间品严重依赖导致贸易利益大量被掠夺，区域内部仅获得微薄的真实贸易所得，这种贸易分工体系对东亚区域生产网络的发展存在较大威胁。

从区域内主要产业部门来看：

电子、汽车类产品的贸易增值度主要由美国、日本两国创造，但日本对区域内的贸易价值增值的贡献度在逐渐下滑，而美国的价值增值总体呈上升趋势。中国从 2000 年开始对区域内电子产品贸易价值增值贡献度增强。

（三）东亚地区各国之间贸易产业关联度加强

在结合东亚国际投入产出数据进行各国、各产业的贸易增值度分析时发现，各国间贸易——产业关联度呈现出以下特征：

（1）从出口贸易产品来看，东亚各国对本国的生产依赖程度下降，对区域内其他国家的生产依赖程度上升，这说明各国间投入—产出关联度通过产品交换得到加强。

（2）东亚各国对美国、日本的生产依赖程度仍然比较大，美国、日本两国仍然是主要中间品供给国，虽然自20世纪90年代开始，部分产业的出口贸易中（机械类产品出口）对美国、日本两国的中间品依赖程度有所下降，但下滑幅度较小，其基数仍然很大。

（3）东亚各国对中国的生产依赖度在逐渐增强。中国在东亚分工体系中的作用和地位都在提高，中国在通过与东亚其他国家的分工和产品交换过程中实现了本国的崛起和腾飞，中国在世界贸易中的大国地位离不开东亚地区的区域环境支撑。

三、东亚区域内各国的贸易——产业内、外部关联度分析

在本书第六章，通过对2000年AIIO数据库进行数据升级更新，估算出2005年AIIO数据，并在此基础上计算出1990年、1995年、2000年以及2005年四个历史时期东亚各国的生产性诱导系数[①]（Productive Inducement Coefficients，PIC）。通过对该系数的动态比较，得出以下结论：

首先将本书第六章中的图6.4条形数据直接转换成表格形式，见表8.1。表中数据说明：来自一个单位的本国最终产品需求所导致的区域内其他国家/地区同类产品的生产，这意味着对最终产品

[①]　参见文中图6.4。

需求的最初增长导致了本国或国外的多重生产，这些多重生产流程中的产品又通过商品贸易的形式交换到各国并作为最终产品生产的中间投入品。以日本为例，在 1990 年时，来自日本国内的一个单位最终品需求导致了区域外部的 0.08 个单位的同类产品生产；而在 2005 年时，日本国内的一个单位最终品需求导致了区域外部的 0.12 个单位的同类产品生产。

表 8.1　　　　　　　东亚各国贸易——产业外部关联度指数

年份	1990	1995	2000	2005
日本	0.08	0.08	0.1	0.12
韩国	0.2	0.2	0.2	0.22
中国	0.1	0.15	0.15	0.15
马来西亚	0.6	0.7	0.7	0.75
新加坡	0.75	0.7	0.6	0.72
菲律宾	0.2	0.25	0.3	0.32
泰国	0.25	0.25	0.28	0.3
印度尼西亚	0.15	0.14	0.18	0.2
中国台湾	0.25	0.28	0.3	0.35

（一）各国总体上的贸易——产业关联性分析

（1）区域内发达国家日本的贸易——产业外部关联性最低。由表 8.1 数据显示，在东亚区域各国的总体贸易产业关联程度上，日本的贸易——产业外部关联性最低。本国一个单位的最终品需求仅仅导致区域外部 0.1 个单位的产品生产，且该关联程度从 1990 年至 2005 年几乎没有太多的调整，这也说明日本对东亚区域生产网络的贡献一直处于 FDI 形式的资本、技术层面。

（2）区域内 ASEAN 经济体（马来西亚、新加坡、菲律宾、泰国）的贸易——产业外部关联性一致较高。由图 6.4 及表 8.1 数据可以看出，ASEAN 经济体中新加坡和马来西亚这两个国家一个单位的本国最终产品需求带来区域内其他国家产品生产的系数几乎都在 0.5 以上，而且该趋势一直处于上升趋势。菲律宾和泰国的贸易——产业关联程度仅低于马来西亚和新加坡，也呈现出外部关联性上升态势。

（3）中国的贸易——产业外部关联性较低。中国的贸易——产业外部关联性处于东亚地区（除日本以外）最低的国家。本国一个单位的最终品需求仅仅带来区域内其他国家的 0.1～0.2 个单位的产品生产。该数据说明，中国的国内生产加工体系虽然比较健全，但是在贸易产业的关联性方面对东亚地区的贡献度较低。

（二）各国贸易——产业关联性的动态比较

在对各国数据进行动态对比时得出，除韩国以外的区域内其他国家/地区（包括日本在内），贸易——产业的外部关联性都有所上升。但日本、中国的增长速度非常缓慢。ASEAN 经济体总体涨幅较快，而且原始比重较高。这说明在东亚区域生产网络发展进程中，区域内各国已经通过贸易分工的形式带来了产业层面的相互融合以及生产环节上的相互依赖。虽然从数据分析来看，这一现象在目前仅仅属于起步阶段，但地区内部各新兴发展中经济体的后发潜力很大，如果以中国为主的新兴市场国家能够逐渐通过本国的贸易结构调整进一步带动区域内产业结构优化，那么东亚地区的商品贸易将走向更加健康的发展之路。

第二节　本书的不足之处和进一步研究方向

一、本书的不足之处

首先，本书最大的不足之处在于数据收集上的局限，由于投入产出表的编制作工程巨大，一般国家都是 5 年更新一次，有些发展中国家甚至没有编制投入产出表，因此本书在数据采集时为了能够全面覆盖到东亚地区各经济体，选择了日本经济研究所编制的 1990 年、1995 年、2000 年亚洲国际投入—产出表（AIIO Tables），故研究结果在实效性方面存在某些程度上的滞后，这也正是笔者要对该问题进行追踪研究的必要性所在。

其次，本书在对东亚区域生产网络的理论成因进行论证分析方面略显单薄，全球生产网络与区域性生产网络这一全新经济现象的出现，对国际经济理论提出了新的挑战。对该现象的理论成因分析，不能够仅仅运用某一个领域或某一个理论来解释论证，它是一个综合生产、分工、跨国厂商、地域集中、企业交易等诸多方面的理论集合体，本书仅以从国际生产分工理论的发展进程来论证其存在的原因，使得本书的理论论证环节稍显薄弱。

最后，对 AIIO 数据库中的数据进行升级、更新时，其方法的精确度有待修正。本书首次尝试性地对国际投入—产出数据进行升级、更新处理，由于所需数据量较大，计算工作较为繁杂，本书在数据升级过程中对某些较难获取的数据采取了替代处理，因此，得出的更新数据会影响最终结果的准确性。

二、进一步研究的方向

第一，在理论层面上。伴随着全球生产网络和区域生产网络发展的日趋成熟，经济学家们对该现象的理论研究也会更加深入。就东亚区域生产网络形成原因进行理论论证时，需要综合多角度、多层面的理论分析，比如跨国公司的内部治理理论、交易成本理论等。

第二，基于东亚国际投入产出数据的运用上。本书在选取 AI-IO 数据进行问题分析时，由于目前数据的局限性使得本书论证结果的说服力稍显薄弱，因此基于 AIIO 2005 数据对该问题进行追踪研究是下一步研究工作的主要部分。

第三，在结合国际投入产出模型对区域贸易结构的研究上。从现有研究成果来看，运用国际投入产出模型进行国际贸易领域内不同问题的研究是一个新的研究方向。本书仅仅从东亚区域的贸易结构调整，或者说仅仅对东亚地区各国、各部门商品的进出口结构进行研究分析，并得出相应结论，在日后的研究工作中可以结合该模型对中国国内的贸易结构调整进行分析、探讨。

附　录

附录 1　东亚国际投入产出表（部门分类）

行业分类				
10 个部门分类		2000 AIIO 中的 76 个部门分类		
代码	说明	代码		说明
中间行业				
001	农业、畜牧业、林业和渔业	001		水稻
		002		其他谷物
		003		粮食作物
		004		非粮食作物
		005		牲畜和家禽
		006		林业
		007		渔业
002	矿业和采石	008		原油和天然气
		009		铁矿石
		010		其他金属矿产
		011		非金属矿产和采石

续表

行业分类			
10 个部门分类		2000 AIIO 中的 76 个部门分类	
代码	说明	代码	说明
中间行业			
003	日常消费品（日常生活相关的工业产品）	012	研磨谷物和面粉
		013	鱼制品
		014	屠宰、肉制品和乳制品
		015	其他食物产品
		016	饮料
		017	烟草
		018	纺织
		019	编织和染色
		020	针织
		021	衣服
		022	其他制成纺织品
		023	皮革和皮革制品
		024	木材
		025	木制家具
		026	其他木制产品
		060	其他工业制品
004	基础工业材料（主要制造商的工业制品）	027	纸浆和纸张
		028	印刷和出版
		029	合成树脂和纤维
		030	基础化工原料
		031	化学肥料和农药

续表

行业分类

10 个部门分类		2000 AIIO 中的 76 个部门分类	
代码	说明	代码	说明
中间行业			
004	基础工业材料（主要制造商的工业制品）	032	药物和医药
		033	其他化工制品
		034	精炼石油及其制品
		035	塑料制品
		036	车胎和管子
		037	其他橡胶制品
		038	水泥和水泥制品
		039	玻璃和玻璃制品
		040	其他非金属矿物制品
		041	钢铁
		042	非铁金属
		043	金属产品
005	加工和装配（次要制造商的工业制品）	044	锅炉、引擎和涡轮
		045	通用机械
		046	金属加工机械
		047	专业机械
		048	重型电气设备
		049	电视机、收音机、音频和通讯设备
		050	电子计算设备
		051	半导体和集成电路
		052	其他电子工业和电子产品

续表

行业分类			
10 个部门分类		2000 AIIO 中的 76 个部门分类	
代码	说明	代码	说明
中间行业			
005	加工和装配（次要制造商的工业制品）	053	日常电气设备
		054	照明器材、电池、电线和其他
		055	机动汽车
		056	摩托车
		057	造船
		058	其他运输设备
		059	精密机器
006	电力、燃气和供水	061	电力和燃气
		062	供水
007	建筑业	063	房屋建筑
		064	其他建筑
008	贸易	065	批发和零售
009	运输业	066	运输
010	服务业	067	电话和电讯
		068	金融和保险
		069	不动产
		070	教育和研发
		071	医疗健康服务
		072	餐厅
		073	宾馆

行业分类

10 个部门分类		2000 AIIO 中的 76 个部门分类	
代码	说明	代码	说明

中间行业

		074	其他服务
010	服务业	075	公共行政
		076	未分类

附加价值和最终需求项

附加价值		最终需求	
001	工资和薪水	001	个人消费
002	营业盈余	002	政府支出
003	固定资本折旧	003	固定资本总值
004	间接税减少补贴	004	存货调整

附录 2　AIIO 表部门产品分类（原版）

Sector Classification

10 Sector Classification		76 Sector Classification of the 2000 AIO Table	
Code	Description	Code	Description
Intermediate Sectors			
001	Agriculture, livestock, forestry and fishery	001	Paddy
		002	Other grain
		003	Food crops
		004	Non – food crops
		005	Livestock and poultry
		006	Forestry
		007	Fishery
002	Mining and quarrying	008	Crude petroleum and natural gas
		009	Iron ore
		010	Other metallic ore
		011	Non – metallic ore and quarrying
003	Household consumption products (Life – related manufacturing products)	012	Milled grain and flour
		013	Fish products
		014	Slaughtering, meat products and dairy products
		015	Other food products
		016	Beverage
		017	Tobacco
		018	Spinning

Sector Classification

10 Sector Classification		76 Sector Classification of the 2000 AIO Table	
Code	Description	Code	Description
Intermediate Sectors			
003	Household consumption products (Life – related manufacturing products)	019	Weaving and dyeing
		020	Knitting
		021	Wearing apparel
		022	Other made – up textile products
		023	Leather and leather products
		024	Timber
		025	Wooden furniture
		026	Other wooden products
		060	Other manufacturing products
004	Basic industrial materials (Primary makers' manufacturing products)	027	Pulp and paper
		028	Printing and publishing
		029	Synthetic resins and fiber
		030	Basic industrial chemicals
		031	Chemical fertilizers and pesticides
		032	Drugs and medicine
		033	Other chemical products
		034	Refined petroleum and its products
		035	Plastic products
		036	Tires and tubes
		037	Other rubber products

续表

Sector Classification

10 Sector Classification		76 Sector Classification of the 2000 AIO Table	
Code	Description	Code	Description
Intermediate Sectors			
004	Basic industrial materials (Primary makers' manufacturing products)	038	Cement and cement products
		039	Glass and glass products
		040	Other non – metallic mineral products
		041	Iron and steel
		042	Non – ferrous metal
		043	Metal products
005	Processing and assembling (Secondary makers' manufacturing products)	044	Boilers, engines and turbines
		045	General machinery
		046	Metal working machinery
		047	Specialized machinery
		048	Heavy electrical equipment
		049	Television sets, radios, audios and communication equipment
		050	Electronic computing equipment
		051	Semiconductors and integrated circuits
		052	Other electronics and electronic products
		053	Household electrical equipment
		054	Lighting fixtures, batteries, wiring and others
		055	Motor vehicles
		056	Motor cycles
		057	Shipbuilding

Sector Classification

10 Sector Classification		76 Sector Classification of the 2000 AIO Table	
Code	Description	Code	Description
Intermediate Sectors			
005	Processing and assembling（Secondary makers' manufacturing products）	058	Other transport equipment
		059	Precision machines
006	Electricity, gas and water supply	061	Electricity and gas
		062	Water supply
007	Construction	063	Building construction
		064	Other construction
008	Trade	065	Wholesale and retail trade
009	Transportation	066	Transportation
010	Services	067	Telephone and telecommunication
		068	Finance and insurance
		069	Real estate
		070	Education and research
		071	Medical and health service
		072	Restaurant
		073	Hotel
		074	Other services
		075	Public administration
		076	Unclassified

续表

Sector Classification

10 Sector Classification		76 Sector Classification of the 2000 AIO Table	
Code	Description	Code	Description
Intermediate Sectors			

Value Added and Final Demand Items

Value Added		Final Demand	
001	Wages and salary	001	Private consumption
002	Operating surplus	002	Government consumption
003	Depreciation of fixed capital	003	Gross fixed capital formation
004	Indirect taxes less subsidies	004	Changes in stocks

附录3　东亚国际投入产出表内部构成（原版）

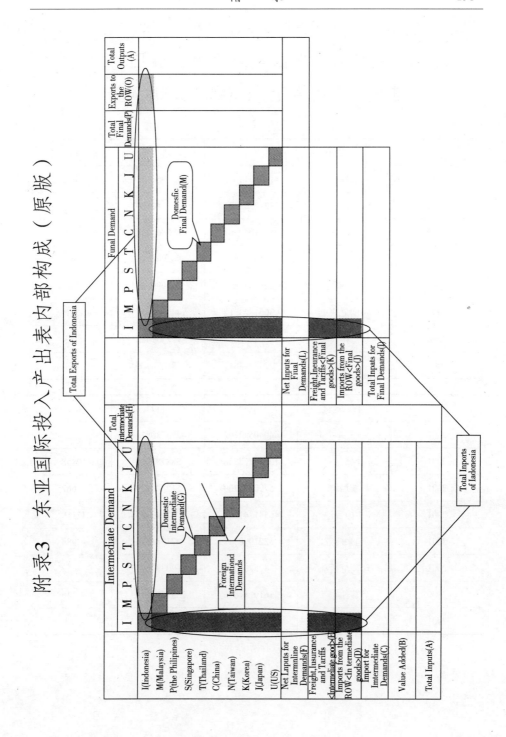

附录 4　中国与东亚地区各国
进出口贸易统计（2000—2009 年）

	国家/地区	出口[a]	进口[a]	净出口[b]
2000	日本	41654314050	41509675130	145
2000	韩国	11292363934	23207405507	−11915
2000	新加坡	5761040961	5059631381	701
2000	中国香港	44518284839	9429011832	35089
2000	马来西亚	2564874255	5479996864	−2915
2000	印度尼西亚	3061823512	4401954155	−1340
2000	菲律宾	1464409088	1677316824	−213
2000	泰国	2243252811	4380787064	−2138

	国家/地区	出口[a]	进口[a]	净出口[b]
2001	日本	44940523792	42787308141	2153
2001	韩国	12518777838	3887887101	−10858
2001	新加坡	5790711209	5128281291	662
2001	中国香港	46541241569	9422497554	37119
2001	马来西亚	3221098347	4713848161	−2983
2001	印度尼西亚	2835706342	6203975945	−1052
2001	菲律宾	1619111816	23376945399	−326
2001	泰国	2337109453	1945208047	−2377

	国家/地区	出口[a]	进口[a]	净出口[b]
2002	日本	48433840387	53465998850	−5032
2002	韩国	15534560637	4508344552	−13033
2002	新加坡	6984217188	7046562432	−62
2002	中国香港	58463145181	10726243177	47737
2002	马来西亚	4974206779	5599596771	−4322
2002	印度尼西亚	3426451699	9296295231	−1082
2002	菲律宾	2042241086	28568008001	−1175
2002	泰国	2957344767	3217161451	−2642

	国家/地区	出口[a]	进口[a]	净出口[b]
2003	日本	59408697992	74148125418	−14739
2003	韩国	20094764742	5746970510	−23033
2003	新加坡	8863772416	10484851410	−1621
2003	中国香港	76274373620	11118661378	65165
2003	马来西亚	6140888811	8826841967	−7846
2003	印度尼西亚	4481889970	13986407889	−1265
2003	菲律宾	3092688273	43128053598	−3214
2003	泰国	3827905496	6306833116	−4999

	国家/地区	出口[a]	进口[a]	净出口[b]
2004	日本	73509042094	94326727397	−20818
2004	韩国	27811560287	7215671260	−34423
2004	新加坡	12687599657	13994472988	−1307
2004	中国香港	100868565582	11796722321	89072
2004	马来西亚	8086058941	11540504973	−10089
2004	印度尼西亚	6256422956	18174736849	−959
2004	菲律宾	4268718001	62234102269	−4791
2004	泰国	5801575463	9059443067	−5739

	国家/地区	出口[a]	进口[a]	净出口[b]
2005	日本	83986277412	100407681253	−16421
2005	韩国	35107775981	8436960169	−41713
2005	新加坡	16632262456	16514595725	118
2005	中国香港	124473251847	12224784359	112248
2005	马来西亚	10606347146	13991887187	−9487
2005	印度尼西亚	8350368154	20093205062	−87
2005	菲律宾	4687630614	76820404020	−8182
2005	泰国	7819296435	12869688589	−6173

	国家/地区	出口^a	进口^a	净出口^b
2006	日本	91622673330	115672580888	−24050
2006	韩国	44522206859	9605743215	−45202
2006	新加坡	23185291430	17672615941	5513
2006	中国香港	155309068118	10779762649	144529
2006	马来西亚	13537073744	17962428351	−10035
2006	印度尼西亚	9449711801	23572434340	−156
2006	菲律宾	5738134533	89724142142	−11936
2006	泰国	9764064739	17674561008	−8198

	国家/地区	出口^a	进口^a	净出口^b
2007	日本	102062496249	133950504404	−31888
2007	韩国	56432015981	12464206890	−47319
2007	新加坡	29946491368	17550372640	12396
2007	中国香港	184438213737	12804323865	171634
2007	马来西亚	17744198459	22665748373	−10979
2007	印度尼西亚	12695661139	28723283216	231
2007	菲律宾	7528377839	103751686394	−15589
2007	泰国	12032909569	23117834717	−10633

	国家/地区	出口[a]	进口[a]	净出口[b]
2008	日本	116132454516	150600041097	−34468
2008	韩国	73931989519	14322934795	−38206
2008	新加坡	32305805355	20171264550	12134
2008	中国香港	190729034562	12915845840	177814
2008	马来西亚	21455168798	25656736974	−10646
2008	印度尼西亚	17193114300	32101396273	2871
2008	菲律宾	9132231065	112137921096	−10372
2008	泰国	15636354387	19504743994	−10020

	国家/地区	出口[a]	进口[a]	净出口[b]
2009	日本	97910965891	130937524825	−33027
2009	韩国	53679876608	13663782584	−48872
2009	新加坡	30066363191	17796637195	12270
2009	中国香港	166216920149	8711578896	157505
2009	马来西亚	19631938849	24896941868	−12699
2009	印度尼西亚	14720623749	32330690825	1057
2009	菲律宾	8584707500	102551711648	−3362
2009	泰国	13307098106	11946610452	−11589

	国家/地区	出口 a	进口 a	净出口 b
2010	中国香港	218301359503	12260254720	206041
2010	韩国	68766311130	138339223044	−69573
2010	印度尼西亚	21953565243	20795188520	1158
2010	马来西亚	23802061384	50430149705	−26628
2010	日本	121043964529	176736084144	−55692
2010	新加坡	32347238005	24728920282	7618
2010	泰国	19741222106	33193365016	−13452
2010	菲律宾	11540277320	16220254753	−4680

	国家/地区	出口 a	进口 a	净出口 b
2011	中国香港	267983736806	15492482951	252491
2011	韩国	82920307881	162716842973	−79797
2011	印度尼西亚	29220943981	31337083878	−2116
2011	马来西亚	27886048451	62136639680	−34251
2011	日本	148268708074	194567856305	−46299
2011	新加坡	35570137217	28139648591	7430
2011	泰国	25694603599	39039795886	−13345
2011	菲律宾	14255388286	17992317070	−3737

注：表中 a 表示单位为美元，b 表示单位为百万美元。

附录5　东亚地区各国／经济体

2000—2011 年 GDP　　　　　　　单位：亿美元

	2000	2001	2002	2003	2004	2005	2006	2007	2008	2009	2010	2011
中国	29879	33093	36691	41210	46648	53643	62405	73333	82150	90662	101244	113474
中国香港	1761	1810	1873	1970	2197	2431	2685	2940	3074	3024	3268	3530
韩国	8084	8596	9360	9658	10388	10967	11729	12685	13064	13245	14229	15036
印度尼西亚	4966	5263	5589	5980	6457	7052	7679	8404	9106	9629	10343	11312
马来西亚	2121	2180	2335	2522	2769	3135	3420	3738	4007	4027	4323	4648
菲律宾	1850	1947	2050	2198	2411	2610	2835	3111	3311	3385	3685	3927
新加坡	1360	1375	1456	1555	1745	1936	2173	2434	2705	2747	2939	3167
泰国	3166	3344	3639	4015	4408	4762	5150	5534	5817	5714	6296	6471
日本	32947	33825	34717	35710	37476	38896	40626	42637	42895	40900	43226	43829

参考文献

［1］马歇尔．经济学原理（上卷）［M］．北京：商务印书馆，1981.

［2］格罗奈维根（Groenewegen）．劳动分工，载《新帕尔格雷夫经济学大辞典》［M］．北京：经济科学出版社，1992.

［3］波特．竞争优势［M］．北京：华夏出版社，1997.

［4］金哲松．国际贸易结构与流向［M］．北京：中国计划出版社，2000.

［5］吴先明．跨国公司与东亚经济发展［M］．北京：经济科学出版社，2001.

［6］保罗·克鲁格曼，茅瑞斯·奥伯斯法尔德．国际经济学（第五版）［M］．北京：中国人民大学出版社，2002.

［7］刘德学．全球生产网络与加工贸易升级［M］．北京：经济科学出版社，2006.

［8］金芳．全球化经营与当代国际分工［M］．上海：上海人民出版社，2007.

［9］刘春生．全球生产网络的构建与中国的战略选择［M］．北京：中国人民大学出版社，2008.

［10］卢峰．产品内国际分工：一个分析框架［J］．北京大学

中国经济研究中心 2004，讨论稿系列，No. C2002005.

[11] 卢峰. 产品内国际分工 [J]. 经济学（季刊），2004，4（1）.

[12] 张纪. 产品内国际分工：动因、机制与效应研究 [D]. 上海：上海社会科学院博士学位论文，2007.

[13] 平新乔等北京大学中国经济研究中心课题组. 中国出口贸易中的垂直专门化与中美贸易 [J]. 世界经济，2006（5）.

[14] 曾铮，张路路. 基于 Matlab 软件运用的国际垂直分工度算法改进 [J]. 管理科学与统计决策（季刊）（台湾 TSSCI），2007（3）.

[15] Lawrence J. Lau 等. 非竞争型投入占用产出模型及其应用——中美贸易顺差透视 [J]. 中国社会科学，2007（5）.

[16] 王峰. 垂直专业化分工、外部需求与东亚区域内贸易扩张——基于中国数据的面板协整分析 [J]. 世界经济与政治论坛，2008（3）.

[17] 李晓，张建平. 东亚产业关联与经济相互依赖性——基于 AIIOT 2000 的实证分析 [J]. 世界经济研究，2010（4）.

[18] 刘春生. 东亚区域生产网络的构建研究 [J]. 中央财经大学学报，2010（6）.

[19] 夏平. 东亚区域生产网络和中国对外贸易发展 [J]. 国际经济合作，2007（3）.

[20] 王静文. 东亚区域生产网络研究 [D]. 吉林：吉林大学，2007.

[21] 曾铮. 全球工序分工与贸易研究——基于新兴市场国家

视角的理论和中国经验 ［D］. 北京：中国社会科学院，2009.

　　［22］吴锋. 生产边界与生产网络——全球生产网络研究述评 ［J］. 上海经济研究，2009（5）.

　　［23］卜国琴. 全球生产网络与中国产业升级研究 ［D］. 广州：暨南大学，2007.

　　［24］许心鹏，宋力刚. 出口相似性与东亚发展模式 ［J］. 世界经济论坛，2002（5）.

　　［25］张少军. 全球价值链与国内价值链——基于投入产出表的新方法 ［J］. 国际贸易问题，2009（4）.

　　［26］吴丹. 东亚区域内贸易的发展变化 ［J］. 东南亚研究，2008（2）.

　　［27］刘庆林，陈景华. 服务外包的福利效应分析 ［J］. 山东大学学报（哲学社会科学版），2006（4）.

　　［28］郑京淑，李佳. 后雁形模式与东亚贸易结构的变化 ［J］. 市场论坛，2007（3）.

　　［29］田文. 产品内贸易模式的决定与利益分配研究 ［J］. 国际商务（对外经济贸易大学学报），2005（5）.

　　［30］蒲华林. 产品内国际分工与贸易——基于中国贸易增长的经验研究 ［D］. 广州：暨南大学，2009.

　　［31］王妍，张子野. 基于 RAS 方法的投入产出调平系统的设计与应用 ［J］. 统计教育，2008（11）.

　　［32］王思强，关忠良，田志勇. 基于 Excel 表的 RAS 方法在投入产出表调整中的应用 ［J］. 生产力研究，2009（9）.

　　［33］Ino Rossi. Frontiers of Globalization Research：Theoretical and Methodological Approaches ［M］. Springer, 2008.

［34］Ng, Francis & Yeats, Alexander, Production sharing in East Asia: who does what for whom, and why? Policy Research Working Paper Series2197, The World Bank. 1999.

［35］Jones, R. and H. Kierzkowski, The Role of Services in Production and International Trade: A Theoretical Framework, ch. 3 in Jones and Anne Krueger (eds.): The Political Economy of International Trade (Blackwells). 1990.

［36］Kogut, B. Designing global strategies: comparative and competitive value added chains, Sloan Management Review, 26 (4), Summer 1985a, pp. 15 - 28.

［37］Kogut, B. Designing global strategies: profiting from operational flexibility, Sloan Management Review, Fall 1985b, pp. 27 - 38.

［38］Gereffi, Gary and Miguel Korzeniewicz (eds.), Commodity Chains and Global Capitalism, Westport, CT: Praeger, 1994.

［39］Dicken, P. and Malmberg, A. Firms in territories: a relational perspective, Economic Geography 77: 345 - 363, 2001.

［40］Ernst, D. and Kim, L. Global production networks, knowledge diffusion, and local capability formation, Research Policy 1419: 1 - 13. 2002.

［41］Jones, R. and H. Kierzkowski. International Trade and Agglomeration: An Alternative Framework, unpublished manuscript, 2003.

［42］Bardhan and Kroll, The New Wave of Outsourcing, Fisher Center for Real Estate & Urban Economics Research Report Series

No. 1103 , October 2003.

[43] Gene M. Grossman & Elhanan Helpman, Outsourcing in a Global Economy, Working Papers 149, Princeton University, Woodrow Wilson School of Public and International Affairs, Discussion Papers in Economics, 2002.

[44] Julius Spatz & Peter Nunnenkamp, Globalization of the Automobile Industry ? Traditional Locations under Pressure? Kiel Working Papers 1093, Kiel Institute for the World Economy, 2002.

[45] Sourafel Girma & Holger Görg. Outsourcing, Foreign Ownership, and Productivity: Evidence from UK Establishment – level Data, Review of International Economics, Wiley Blackwell, Vol. 12 (5), pages 817 – 832, November, 2004.

[46] Schmitt, Nicolas & Yu, Zhihao, Economies of scale and the volume of intra – industry trade, Economics Letters, Elsevier, Vol. 74 (1), pages 127 – 132, December, 2001.

[47] LEMOINE F. & ÜNAL – KESENCI D, China in the International segmentation of Production Processes, CEPII Working Paper, 2002 – 02 March.

[48] LEMOINE F. & ÜNAL – KESENCI D, The Impact of China's WTO Accession on EU Trade, in China's Accession to the World Trade Organization. European and Chinese Perspectives, Holbig Heike and Ash Robert (Editors), English – language Series of the Institute of Asian Affairs, Hamburg (2002b) .

[49] Deardorff, Alan V, International provision of trade services,

trade, and fragmentation, Policy Research Working Paper Series2548, The World Bank, 2001.

[50] Görg, Holger, Fragmentation and trade : US inward processing trade in the EU, Open Access publications from Kiel Institute for the World Economy info: hdl: 10419/2491, Kiel Institute for the World Economy, 2000.

[51] Hatch and YamamuraWalter Hatch and Kozo Yamamura, Asia in Japan's Embrace: Building a Regional Production Alliance, Economic Development and Cultural Change, Vol. 46, No. 4 (July 1998), pp. 871 – 876 Published by: The University of Chicago Press.

[52] Finger, J. M. and M. E. Kreinin, A Measure of 'Export Similarity' and Its Possible Uses , The Economic Journal, Vol. 89 (356): 905 – 912. 1979.

[53] Wai – Heng Loke, East Asia and Southeast Asia: Similarity in Trade Structures, Paper prepared for presentation at: The Singapore Economic Review Conference (SERC) 2009, 6 – 8, August, 2009.

[54] Reuven Glick & Andrew K. Rose, Contagion and Trade: Why Are Currency Crises Regional? NBER Working Papers 6806, National Bureau of Economic Research, Inc. , 1998.

[55] Mitsuyo Ando & Sven W. Arndt & Fukunari Kimura, Production Networks in East Asia : Strategic Behavior by Japanese and U. S. firms, Microeconomics Working Papers 21886, East Asian Bureau of Economic Research, 2006.

[56] Sven W. Ardnt. Globalization and the Open Economy [J] .

North American Journal of Economics and Finance, 1997,   (1):
71 – 79.

[57] Sven W. Ardnt. Preference Areas and Intra – product Specialization [J] . Claremont Colleges Working Papers, 2000.

[58] Krugman, Paul. Increasing Returns and Economic Geography [J] . Journal of Political Economy, 99: 3, 1991.

[59] Hummels, Ishii and Yi. The Nature and Growth of Vertical Specialization in World Trade [J] . Journal of International Economics 54: 75 – 96, 2001.

[60] Ping, X. Vertical Specialization, Intra – Industry Trade and Sino – U. S. Trade Relationship [J] . China Center for Economic Research, Peking University Working Paper No. C2005005, 2005.

[61] Lau, L. J. , X. Chen, L. K. Cheng, K. C. Fung, Y. Sung, C. Yang, K. Zhu, J. Pei and Z. Tang. Non – Competitive Input – Output Model and Its Application: An Examination of the China – U. S. Trade Surplus [J] . Social Science in China, 2007 (5) .

[62] Xikang Chen, Leonard K. Cheng, K. C. Fung and Lawrence J. Lau. The Estimation of Domestic Value – Added and Employment Induced by Exports: An Application to Chinese Exports to the United States [J] . Working Paper, Department of Economics, Stanford University, Stanford, California 94305, 2001. The paper was also presented at the AEA meeting, Boston, January, 2005; and mimeo, Stanford University.

［63］Koopman R. , Wang Z. and Wei, S. How Much of Chinese Exports is Really Made in China? ［J］. NBER Working Paper 14109, 2008.

［64］Okada, T. , Takagawa, I. Estimation of Input Coefficients of the Extended International IO Table and Analysis of Interdependency in the Asia－Pacific Economy ［J］. Bank of Japan Working Paper, 2004 (4) .

［65］Stone, R. Input－Output Relationships, 1954—1966, A Programme for Growth ［R］. Vol. 3, Chapman and Hall, London, 1960.

［66］Dean, Judith M. , K. C. Fung, and Zhi Wang. Measuring the Vertical Specialization in Chinese Trade ［J］. Office of Economics Working Paper No. 2007－01－A, U. S. International Trade Commission, 2007.

［67］National Research Council. Analyzing the U. S. Content of Imports and the Foreign Content of Exports ［M］. Committee on Analyzing the U. S. Content of Imports and the Foreign Content of Exports. Center for Economics, Governance, and International Studies, Division of Behavioral and Social Sciences and Education. Washington, DC: The National Academies Press, 2006.

［68］Yi, Kei－Mu. Can Vertical Specialization Explain the Growth of World Trade? ［J］. Journal of Political Economy, 2003 (111) .

［69］Andreas Maurer, Christophe Degain. Globalization and trade flows: what you see is not what you get! ［J］. World Trade Organization, Staff Working Paper, 2010 (12).

[70] IDE – JETRO. How to make the Asian input – output Tables [J]. Institute of Developing Economies, 2006 (3).

[71] LEONTIEF, W. Input – Output Economics [M]. Scientific American, 1951.

[72] Gabor Pula, Tuomas A. Peltonen. Has Emerging Asia Decoupled? An Analysis of Production and Trade Linkages Using the Asian International Input – Output Table [J]. Working Paper Series No. 993, 2009 (1).

[73] Koen De Backer, Norihiko Yamano. The Measurement of Globalisation using International Imput – Outpout Tables [J]. OECD Science, Technology and Industry Working Papers, 2007 (8).

[74] Guillaume Daudin, Christine Rifflart, Danielle Schweisguth. Who Produce For Whom In the World Economy? [J]. OFCE, 2009.

[75] Tomoko Mori, Hitoshi Sasaki. Interdependence of Production and Income in Asia – Pacific Economies: An International Input – Output Approach [J]. Bank of Japan, No. 07 – E – 26, 2007.

[76] Kamada, K., K. Nakayama, I. Takagawa. Deepening Interdependence in the Asia – Pacific Region: An Empirical Study Using a Macro – Econometric Model [J]. Bank of Japan Working Paper, 2002 (9).

[77] Hasebe, Y., N. Shrestha. Economic Integration in East Asia: An International Input – Output Analysis [J]. The World Economy, 1709 – 1735, 2006 (29).

〔78〕Arndt & Kierzkowski. Fragmentation. Oxford: Oxford University Press, 2001.

〔79〕Athukorala, P. , Y. N. Yamashita. Production Fragmentation and Trade Integration: East Asia in a Global Context 〔J〕. North American Journal of Economics and Finance, 2006 (17).

〔80〕Regional economic outlook: Asia and Pacific: leading the global recovery: rebalancing for the medium term 〔M〕. Washington, D. C. , International Monetary Fund, 2010.

〔81〕Ino Rossi. Frontiers of Globalization Research: Theoretical and Methodological Approaches 〔M〕. Springer Science + Business Media, LLC2006.

〔82〕Gabor Pula & Tuomas A. Peltonen. HAS EMERGING ASIA DECOUPLED? 〔J〕. European Central Bank, Working Paper Series, 2009 (1).

〔83〕Julius Spatz & Peter Nunnenkamp, Globalization of the Automobile Industry – Traditional Locations under Pressure? 〔J〕. KielInstitute of World Economics, Working Paper, 2002.

〔84〕Grossman Gene M. & Esteban Rossi – Hansberg. Offshoring in a Knowledge Economy 〔J〕. Quarterly Journal of Economics, 121: 1, 31 – 77, 2006 (2).

〔85〕Walter. Hatch & Kozo Yamamur. Asia in Japan's embrace: Building a regional production alliance 〔J〕. The Journal of Asian Studies , 1998 (5).

〔86〕R. Findlay & K. H. O'Rourke, Commodity market integration, 1500 – 2000, CEG Working Papers 20019, Trinity College Dublin, Department of Economics, 2001.

[87] ASIA – PACIFIC TRADE AND INVESTMENT REPORT (2010/2011/2012). ECONOMIC AND SOCIAL COMMISSION FOR ASIA AND THE PACIFIC, United Nations.

[88] WORLD TRADE REPORT (2009/2010/2011).

www. wto. org /english/res_ e/reser_ e/wtr_ e. htm.

[89] ADB Annual Reports (2009/2010/2011).

www. adb. org/Documents/Reports/Annual_ Report/.

[90] Regional Economic Outlook: Asiaand Pacific. www. imf. org/external/pubs/ft/reo/2011/apd/eng/areo0411. htm.